我的家，反映了我這個人，

是了解自己的一種延伸形式……

快樂的家，來自一個人的內在設計

待在家裡也不錯

HAPPIER AT HOME

Kiss More, Jump More, Abandon Self-Control, and My Other Experiments in Everyday Life

GRETCHEN RUBIN

葛瑞琴・魯賓——著

尤傳莉——譯

一切雄心的終極結果，一切創業精神與勞動的最終目的，就是讓我們能快樂地待在家裡。

約翰生《漫步者》（Samuel Johnson, *Rambler*）

「平安，平安，平安。」屋子的心臟驕傲地搏動著。「好多年了，」他嘆息。「你們又找到我了。」「在這裡。」她喃喃道，「睡覺；在花園裡閱讀；歡笑，在閣樓上滾動蘋果。我們把寶物留在這兒——」他們彎腰，燈光照得我睜開雙眼。「平安！平安！平安！」屋子的心跳搏動得好厲害。我醒來，喊著：「啊，這就是你們埋葬的寶物嗎？心中的亮光。」

維吉妮亞·吳爾芙〈鬧鬼的房子〉（Virginia Woolf, "A Haunted House"）

目次

｜ 作者序 ｜

下決心，讓自己更快樂

啟動第二份 happiness project

寫了《過得還不錯的一年》之後，《待在家裡也不錯》是我第二份「快樂生活提案」的故事——我嘗試了什麼，學到了什麼。

自從展開第一個「快樂生活提案」的實驗後，五年來常有人問我：「你的計畫**真的**改變你了嗎？從《過得還不錯的一年》看來，你的生活方式似乎跟過去沒有很大的不同，那，你能為自己增加多少快樂呢？」

沒錯，我的生活還是一樣：同樣的老公，同樣的兩個女兒，同樣的工作，同一棟公寓，日常作息也一樣。但是，在我嘗試了第一次快樂生活實驗，開始做出我心知該有的改變，並遵循「做自己」的原則，我真的變了。

「我沒辦法像你一樣，有那種閒工夫嘗試

什麼『快樂生活實驗』，」你可能會抱怨：「我沒有多餘的時間，沒有多餘的錢，沒有多餘的精力，我已經夠忙了，生活中沒法再增加任何事情了。」如果你這麼想，那麼我想說的是：快樂，是需要付出努力的，但相信我，這種付出會讓你心靈更滿足。其實在大部分狀況下，我所建議的快樂生活實驗，並不需要花你很多時間、很多錢、很多精力。真正的挑戰，只是你願不願意下決心，決定自己想做什麼——然後，實際去「做」。

我以前也老是想不透，逼自己去做能帶給自己快樂的事，為什麼會這麼困難？我明明知道哪些事情能讓我更快樂，但真要去「做」，還是得用逼（自己）的。每天，我都得很努力逼自己給別人一個吻，逼自己睡得更充足，逼自己別再神經質的檢查電子郵件。每一天，我都得提醒自己去接受自己，同時對自己有更高的期許。

讓我過了還不錯的一年的第一個「快樂生活提案」，實驗的範圍很廣。這回，《待在家裡也不錯》的範圍較小，但也較深入。因為我發現，在眾多影響我快樂的因素中，我的家——無論從哪個角度看——都是最重要的。因此，我決定花點時間，專注於我的家庭生活。這本書，記錄了各種讓我在家中感覺更舒適、更快樂的方法。

當然，這是我的「快樂生活提案」，所以也反映了我特有的環境、價值觀、興趣，以及性格。每個人對於家或快樂的想法，都是獨一無二的，但不能從快樂生活實驗中獲益的，則是少之又少。

你可能會想：「如果每個人的快樂生活實驗都是獨一無二的，那我幹嘛要讀**葛瑞琴・魯賓的**實驗呢？」因為，研究過快樂之後，我領悟到一件事：相較於哲學或其他學術研究，發生在**別人**身上的事，最能啟發一個人了解**自己**——即使這個人跟你沒有任何共同點。例如讓我受惠最多的人當中，就包含了一位人生有超過三分之一時間都住在隱修院的短命修女，還有一位曾簽署美國《獨立宣言》的開國元勳。

這本書裡講的故事，是一段學習過程。希望你在閱讀之後，能激勵你展開自己的「快樂生活提案」。不論你在何時讀到這本書，或是身在何處，都能踏出正確的第一步。

｜前　言｜

尋找幸福的元素

待在家裡，你準備好了嗎？

快樂的真正祕訣，就是對日常生活的各種細節，都懷著真誠的興趣。
——威廉．莫里斯〈藝術的目標〉（William Morris,“The Aims of Art”）

一個夏末的週日晚上，正當我把乾淨的碗盤從洗碗機裡拿出來時，忽然被一種熟悉但意外的感覺淹沒：想家。

為什麼？是因為某種氣味，還是燈光，觸發了我遺忘已久的記憶？而且，沒事幹嘛想家？那一刻，我就站在家裡的廚房，與家人只有一牆之隔——老公詹米正在看高爾夫球賽轉播，兩個女兒伊萊莎和艾麗諾在玩遊戲。

但不知道為什麼，那一刻我就是好想念他們。我看看周圍——藍色的爐子、木製的刀架、壞掉的烤麵包機，還有窗外的景色——一切都太熟悉了，熟悉到我平常不會特別留意這些東西。

「請問要不要點什麼餐後甜點呢？」我聽

到客廳裡的艾麗諾扮服務生的聲音：「我們有蘋果、藍莓，還有南瓜派。」我看到兩個女孩的背影，一如往常，她們都把一頭棕色長髮綁成亂糟糟的馬尾，艾麗諾頭上還歪戴著一頂侍者帽。

「藍莓，謝謝。」伊萊莎回答。

「那我呢？」詹米加入她們的遊戲：「服務生，你不來幫我點菜嗎？」

「不，爹地！你沒參加這個遊戲啦！」

為什麼會突然有「想家」的感覺？我很快就懂了：想家，是因為我隱約感覺到，將來有一天我將會懷念**此時**與**此地**。就在這時，英國文學巨擘約翰生博士（Dr. Samuel Johnson）的一句話，浮現在我腦海裡：「一切雄心的終極結果，一切創業精神與勞動的最終目的，就是讓我們能快樂地**待在家裡**。」

家，是我進門不必按電鈴的地方

說得真好。我暫停下來思索了一會兒，才又心不在焉地把碗盤拿出來歸位。正如約翰生博士說的，家，是我生活的中心。但什麼是「家」？我到底想從自己的家，得到什麼？

家是我進門不必按電鈴的地方，是我吃鮪魚三明治不必懷疑材料是否黑心的地方。這個家的核心，是我的家人，家人在哪裡，家就在那裡。家，是個無條件接納我的地方，這一點帶來喜悅，卻也帶來了痛苦——就像詩人佛洛斯特（Robert Frost）所說的，家是「你不必費力去爭取來的」。在我心中，整個地球是圍繞著我家這個點旋轉的，彷彿我家的屋頂上有個隱形的紅色箭頭標示著「你在這裡」。但為什麼我過去沒有把快樂的重心放到「家」裡呢？

我把最後一個馬克杯放回架上，心想著：「我要展開另一次的快樂生活實驗，這回我要把焦點集中在**家**！」

我實驗過一個為期一年的「快樂生活提案」，著手處理生活中的許多面向，試圖讓自己更快樂。我設計出一個進度表，要在一年的十二個月當中，每個月致力於處理一個主題——友誼、工作、永恆等等，針對每個主題，都有一些要達成的小小決心事項。

我的目標，是要在「日常生活中」找到更多快樂。畢竟，我不是那種喜歡冒險的人——我每天都吃同樣的食物，很少去離家太遠的地方（對我來說，就算只離開紐約一個週末，都需要事先安排好航太總署級的後勤計畫）。我有兩個年幼的孩子、有工作、有老公，還有各種平常得忙的瑣事，加上我顧家的本性，所以那種搬去巴黎住一住，或是去爬非洲的吉力馬札羅山（Mount Kilimanjaro）這類追求快樂的點子，完全不適合我。於是，我決心要在自己的日常生活中，挖掘更多快樂。

在我的上一本書《過得還不錯的一年》（也就是我的第一份快樂生活提案）中，我介紹了許多快樂理論；而這一次，我要以這些理論為基礎，針對所有與家有關的事項，例如伴侶關係、所有物、時間、健康等等，做為實驗的重心。

還有，我一定要換掉家裡那個不能用的烤麵包機。

如何在家裡培育幸福的元素？

我關上洗碗機的門，抓起一本 Hello Kitty 記事本和筆，寫下我的新提案。我決定：不要等到什麼隔年一月，我要立刻就展開實驗。正好，當時是九月，是新學年的開始，本來就有很多空白的行事曆和乾淨的筆記本正等著我填寫。何況，九月也是所有母親最忙碌的季節——有好多學生用品得採買，很多表格得填寫與繳交。

正好那年九月，我們家也遇上了兩個特殊的里程碑：一是五歲的艾麗諾正式揮別坐在嬰兒車的日子，要開始上幼稚園了；二是十一歲的伊萊莎要上六年級，也意味著她青少年人生階段的開始，童年即將結束。這，似乎也是我重新評估自己人生的好時機。於是我決定，要在這一學年的九個月裡（從九月到明年五月），要努力讓我的家更溫暖、更舒適。

首先，當然是一些基本工作，例如得確定家裡那些手電筒到底會不會亮，壞掉的沖水馬桶也得修理好。但除了這些，我還應該做什麼？俄國大文豪托爾斯泰（Leo Tolstoy）所寫的這段話，是史上最有名的小說開場白之一：「幸福的家庭全都很類似；不幸的家庭則各有自己的不幸。」這句話提醒了我，幸福家庭應該都有一些共同的元素。我要如何在家裡培育這些幸福元素呢？

從上一次的快樂生活提案中，我學到了很重要的一課，那就是：先認清自己**已經**有多快樂。我們平常過日子，很容易把日常的快樂視為理所當然。法國女作家柯蕾特（Colette）的一句話長年縈繞在我腦海：「我擁有多麼美好的一生，但願我能早一些明白。」我可不想等到人生走到盡頭，或發生了一些大災禍之後，回想起來才知道，「以前我多麼快樂，只不過**當時**我不明白」。

但我知道，這場新的快樂生活實驗勢必會影響到詹米、伊萊莎和艾麗諾。我的家就是他們的家，我做什麼都會深深影響到他們。因此我提醒自己，我的實驗絕對不能牴觸到他們的快樂。例如當我想表現出更關心他們，可不能變成嘮叨不休；我也不能以清理凌亂的家為理由，偷偷丟掉伊萊莎心愛的舊絨毛玩具，或是詹米堆在床頭那疊搖搖欲墜的書。我得小心不要變成作家狄更斯（Charles Dickens）筆下那個傑利比太太的翻版*：以自己已經擁有的快樂為代價，去追求新的快樂。

就在我寫筆記時，詹米走進廚房，去拿那天下午跟兩個女兒一起烤的巧克力蛋糕。「聽我說，」我興奮地宣布：「我剛剛決定了，我要進行**另一個**快樂生活實驗！」

「又來？」他問。

「沒錯！是約翰生博士給我的靈感。他寫過：『一切雄心的終極結果，就是快樂**待在家裡**。』我覺得這話太有道理了，你覺得呢？」

「當然，」他微笑：「每個人都希望可以快樂待在家裡吧。但你待在家裡不是**已經**很快樂了嗎？」

「是啊，那當然，」我說，「但我還可以更快樂。」

「要怎麼更快樂？你已經有個完美老公了。」

「是啊！」我開心地看了他一眼。「不過，我還可以更快樂　我們全都可以更快樂！」

「問題是，」他說，比較嚴肅了，而且滿嘴的蛋糕：「那些能讓你更快樂的事，你已經都做過了。」

「對，正因為上一個實驗太有用了，我想再做一次！」

「喔，好吧。」詹米端著盤子又回到電視機前，顯然反應並不怎麼熱烈，但我無所謂，畢竟，我這個計畫是為了自己，而且反正也會讓他更快樂。於是我又低頭開始寫筆記。

家，只需要是個愉快的、舒適的住處就夠了

可是，接下來幾個星期，我不斷讀到許多關於「快樂的矛盾」的名言，例如：

＊傑利比太太是小說《荒涼山莊》（*Bleak House*）的人物，她無時無刻惦念著殖民地窮人的命運，為推行各種慈善計畫奔波，卻對自己的子女漠不關心。

- 接受自己，但是要對自己有更高期待。
- 想讓自己自由，就要讓自己節制。
- 理解別人的不快樂，可以讓他們更快樂。
- 事先計畫好，要如何隨興生活；事事準備好，你才不用事事準備。
- 做得更少，獲得更多。
- 快樂，不等於你一直**覺得**快樂。
- 瑕疵，有時候比完美更完美。
- 想要把一件事情變簡單，並不是一件簡單的事。
- 物質上的欲望，代表著心靈上的需求。
- 從他人身上看見地獄，從他人身上看見天堂。

我發現，對自己的家，我竟然也有矛盾的期望。建築大師萊特（Frank Lloyd Wright）曾說：「真正的家，是人類最美好的理想。」但關鍵就在於「真正」兩個字：對我來說，到底什麼才是我「真正」想要的？我希望家能讓我平靜，但也要能讓我興奮；要舒適、安靜，但也要帶來驚喜、熱鬧；要讓我能懷念過去，但也要能讓我想像未來；我希望這個家是一個能讓我反省的私密小窩，但也希望家是個能增進我與他人情感的交誼大廳；家要讓我感覺安全，但也要能容忍我冒險。

後來我發現，這些看似矛盾，其實並不衝突。我明白了，快樂人生一定要建立在我的本性之上。最近我終於明白，我所住的房子——還有我所穿的衣服和所聽的音樂——的風格，不見得能反映「真正的」我。這個領悟讓我大大鬆了一口氣，長期以來諸如「你的家代表你的靈魂」、「你的選擇顯露出**真正的你**」這類的說法，一直讓我很困惑：我得選擇什麼靠枕，才能表現出我的個性？把房間漆成紫色，就能代表我的品味嗎？到底我**真正的**品味是什麼？其實我不曉得，卻老是渴望自己做出**正確的**選擇，這種焦慮感，有時會害我忘了真正重要的是什麼。

現在我終於明白，我住的房子未必要展現出什麼深奧道理（因為我可以在其他方面來展示真正的我），它只需要是個愉快的、舒適的住處，這樣就夠了。有些人（就像我媽）會從布置家裡得到極大的創意滿足感，但我不會，我覺得布置家裡好累。在這件事情上，我決定「認真」地不認真。研究顯示，「認真」是必須付山代價的——在這個充滿選擇的世界，假如什麼東西都要我們花時間認真選擇，我們的心思會被消耗，也因此無法用在其他事情上。

果然，當我不必為了選個茶几而大傷腦筋時，腦袋也變得清楚起來了。真正的家，就得吻合住在裡頭的人的需要，必須具備居住者所需要的元素。例如我有個朋友說，她家最近新增了一個日光室，我問她：「你家不是已經很大了嗎？」她說：「不是空間問題，而是**光線**！以前採光不好，屋裡一整天都很暗，所以我白天老是找藉口出門，現在，我待在家裡快樂多了。」

我有一對朋友有四個小孩，他們在家裡裝了攀爬繩和攀爬架；一個熱愛動物的朋友屋頂上有個蜂巢；一個獨居的朋友把地板和白色家具粉刷完畢，開心慶祝終於有了自己喜歡的空間。沒錯，關鍵永遠是有意識地選擇自己——以及家人——所要的。

為生活注入更多感恩和知足

剛開始，我也問過自己：幹嘛還要進行另一次的快樂生活實驗呢？一次還不夠嗎？如果問題出在烤麵包機，換一台新的就好了，不必大費周章去搞什麼快樂實驗吧？

然而，之所以要有第二次，正是因為第一次的快樂生活實驗太有幫助了，因此我幾乎毫不猶豫。在實驗過程中，讓我受惠最大的一點，就是讓我更珍惜自己既有的快樂，為我的生活注入更多感恩和知足。研究顯示（非正式的觀察也有相同的結論），有些人在個性上就是比較容易開心或沮喪，一個人的想法和行為也會影響快樂的程度。大約有三〇％到五〇％的快樂，是由遺傳基因決定；大約一〇％到二〇％的快樂，則受到生活環境（例如年齡、性別、健康、婚姻狀況、收入、職業）的影響；剩下的，主要是由我們的想法和行動所決定。換言之，我們擁有巨大的力量，可以透過有意識的行動或想法，把自己推到天賦的頂端，或把我們摔入谷底。

雖然「快樂」可能暗示一種最終的、神奇的目的地，但快樂生活實驗的目的，並不是在什麼快樂指標上拿到滿分，然後從此停留在那裡過著幸福的日子。這樣的想法既不實際，也不值得羨慕。我要尋求的，不是達到完全的「快樂」，而是要變得**更快樂**。下個星期、下個年度，我能做些什麼，好讓自己更快樂呢？

也許，在人生的某些時刻，我們就是不可能快樂，但絕對可以試著更快樂。而且藉由這種努力，也可以幫助我們對抗逆境。我以前說過，**快樂**的相反是**不快樂**，而不是憂鬱。憂鬱症屬於另一個領域，嚴重的話必須趕緊就醫，憂鬱症的成因和治療，完全不在我快樂生活提案的範圍內。研究顯示，快樂是許多良好環境下的原因**和**結果，比方穩固的婚姻、朋友比較多、身體比較健康、事業成功（包括賺更多錢）、更有活力、更有自制力，甚至更長壽。儘管有時某些人會以為，快樂是自私且自滿的，但其實正好相反。一般來說，快樂不會讓人跑去沙灘喝雞尾酒，而是會讓人想幫助偏遠地帶的村民能更方便取得乾淨飲水。我知道當我更快樂時，我會更常笑、更少吼叫。當事情出錯時——比方艾麗諾把沒蓋上筆套的麥克筆放在椅墊上，或是伊萊莎手臂被燙傷——我能保持冷靜。素以誇張言論引人深思的劇作家王爾德（Oscar Wilde）就說過：「優秀的人未必快樂；但快樂的人通常都很優秀。」

首先，消除壞感覺的源頭

我心裡還有一個新的疑問：我的快樂程度，應該受到生活環境的影響嗎？如果說我的快樂有某種堅固的基礎，那麼按道理講，就算我看到堆滿碗盤的廚房流理台，或是聽到兩個女兒的爭吵聲，我照樣能保持平靜才對。

但我也沒有疑惑太久。因為，儘管很多宗教和哲學都教導我們，要培養一種不受世俗環境影響的快樂，但對大部分人來說，事實上就是會有影響，尤其對我來說更是。因此，在我這次的快樂生活實驗過程中，我會很認真面對這個問題。

在第一次的快樂生活實驗中，我曾努力找出形成快樂的基本原理，歸納出四個很棒的觀念——搞實驗的副作用之一，就是老愛整理重點，而且樂此不疲——跟讀者分享：

一、要快樂，就得思考在**成長的氣氛下**，什麼是**好感覺**、什麼是**壞感覺**，以及什麼是**感覺對了**。

二、讓**自己**快樂的最佳方式之一，就是讓**其他人**快樂；讓**其他人**快樂的最佳方式之一，就是**自己**要快樂。

三、一天感覺很長，但一年卻很短。

四、除非我認為自己快樂，否則我不會快樂。

於是，我從這四點，寫下了接下來九個月的目標：

首先，「我要怎樣才能有更多**好感覺**？」——更多歡樂、更多愛、更多活力。我覺得，光是消除負面情緒還不夠，我要找到正面情緒的源頭才行。如果要從一段經驗中得到最大的快樂，就要事前**預期**快樂、然後在過程中**體驗**快樂、**表達**快樂，最後是**回顧**一段快樂的記憶。透過這四個步驟，來增強這四個階段的愉悅。

其次，「我可以消除哪些**壞感覺**的源頭？」我想，我會透過那些會讓我有負面感覺和良心不安的事情，去找出我必須改變的事。比方說，我希望能和每一個家人有更緊密相連的感情，為家人打造一種更平和的家庭氣氛。

第三個元素**感覺對了**，就比較難捉摸。有時候，選擇「好感覺」也意味著要接受某些「壞感覺」。快樂本身，不見得會讓你感到快樂。例如我就非常不喜歡每年得帶著孩子去打流感疫苗，但這卻是一件會讓我快樂的事。為了**好感覺**，我要設法讓我的家更吻合我的價值觀，讓我過著應該有的生活。我的日常作息，應該依照對我而言的重要性來安排。

第四個元素是**成長的氣氛**，其實剛開始我低估了這件事的重要性，但後來我愈來愈能體會它的意義有多麼重大。如同愛爾蘭詩人葉慈（William Butler Yeats）所寫的：「快樂不是美德也不是愉悅，不是這樣那樣的事，而是成長。當我們有所成長時，就會快樂。」很多研究也支持他的說法：帶來快樂的不是達成目標，而是奮力追求目標的過程——也就是**成長**。

新年許願，有效期只有兩個月？

問題是，下決心很容易，真正難的是**堅守**這個決心。大約有四四%的美國人會在新的一年許願，下決心要完成某件事（我自己就常常這樣），但到了二月中左右，大約有八〇%的人就會放棄先前信誓旦旦要達成的願望。很多人都是年復一年下同樣的決心，然後又無法堅持下去。

對我來說，堅守決心的一個關鍵，就是要對自己負責。我利用上一次快樂生活實驗時設計的「決心表」，每個月逐日追蹤每個決心事項。這張表的靈感來自富蘭克林（Benjamin Franklin）的「美德表」——上頭列有他想要培養的十三項美德，每週逐日檢討進度。這張表，讓我學會了對自己負責，否則，我們往往就算知道自己**應該**做些事情，卻並不等於我們真的會**去做**。比方說，最強調健康飲食和運動有多麼重要的，莫過於醫生了，但幾乎有一半的醫生自己都超重。

對我而言，「待在家裡更快樂」的意思，指的不是在牆上掛更多照片，或是換掉我不喜歡的廚房料理台。正念和自覺，要比做這些雜事和花錢更重要。我希望能實踐威廉・莫里斯（William Morris）的準則：「快樂的真正祕訣，**就是對日常生活的各種細節，都懷著真誠的興趣**。」就從九月開始（九月等於是另一種一月），我準備好要擬出一整個學年的決心事項。但是，要針對哪九個領域呢？

首先，無論是古代哲人或當代科學家都說過，快樂的關鍵之一（有可能是最重要的一個）就是跟他人建立深厚的感情連結。因此，我決心要處理「婚姻」、「親子關係」，以及「家人」。

其次，對自己的人生有某種掌控感，也是快樂的一大重要因素。例如在家裡，我對各種物品的控制感、對自己時間的控制感，都深深影響了我的快樂。所以我加上了「所有物」和「時間」這兩個領域。

我的快樂，也跟自己的心態息息相關，所以我又加上了「內在設計」（interior design，指的是內心的省思，而不是「室內設計」）。同時，我知道我的身體感受會影響我的情緒，所以我也加上了「身體」。

還缺什麼呢？嗯，家的所在位置很重要，所以我加上了「近鄰」。

這段期間，有天我帶著艾麗諾去參加一位五歲小朋友的生日派對。趁著小孩子在追逐玩鬧時，我和另一個媽媽聊起彼此的工作。我一面留意艾麗諾（她正爬上平衡木，看起來膽子很大卻技巧笨拙），一面提起幾個我計畫中的決心事項。這位新認識的朋友懷疑地說：「你讓快樂聽起來好像很費力。我研究的是佛學，冥想改變了我的人生。你平常會冥想嗎？」

我試過冥想，可是失敗了，因此對這類話題格外敏感。我連一次都沒有成功過，難道我真的太沒靈性了？「ㄟ……我不會。」我回答。

「你應該試試看，冥想真的很重要，我如果每天不冥想個三十分鐘，就會瘋掉。」

我不太確定她這樣講是要告訴我她的腦子很正常，還是相反，於是只好回答：「嗯，我的重點是要改變我的行為，而不是改變我的心理狀態。」

「我覺得你會發現，有平靜的內心，要比你去執行一大堆小任務來得重要。如果你打算談快樂，就真的**一定要**冥想。」

「喔，」我回答，故意講得很含糊。然後，或許又太刻意地說：「我常常提醒自己，有些讓**我**覺得快樂的事，未必會讓**別人**覺得快樂，反過來說也一樣。」其實我發現，一談到快樂這個話題，我就會變得很討人厭。幸好，話講到這裡，大家就跑去吃披薩了。

人生即將有轉變，你準備好了嗎？

八月底的一個下午，我突然想到一個長期縈繞在我心裡的問題：「**我真的準備好了嗎？**」幾年前，我寫過一篇法學論文，主張侵權法律的目的，是要在我們知道「有事即將發生」的狀況下，給予我們鼓舞。忽然間我恍然大悟，我的快樂計畫就是試著要掌握命運，以確保我有紀律、有條理、有充分的休息，而且手機已經充飽電，醫藥櫃裡也用品齊全，以便面對某種可怕的、不知名的大災難。

我的人生，即將有新的轉變，但，**我真的準備好了嗎？**災禍隨時可能降臨，我希望到時候自己準備好了，也希望這個新的快樂生活實驗將會對我有所幫助。我熱烈地想著我要做哪些事，包括斷捨離我的所有物、加強與親人的關係、更明智地善用時間、讓自己的表現更好。當我帶著開學前待辦雜務的漫長清單，走在家裡附近時，天氣完全符合我的心境——暮夏的空氣中充滿了新開始和新的可能性，其中的一絲冷冽，暗示著冬天即將到來。

不能再浪費時間了。假期結束，就是新的開始。九月，我來了。

| 9月 |

家裡該擺的東西

找到真正的簡單

我們必須把自己投射於周遭的事物。自我，並不局限於肉體而已，
而是延伸到一切我所做的事情，以及我周圍的一切事物。
沒了這些，我就不是我自己了。
——卡爾．榮格《榮格演講集》（Carl Jung, *C. G. Jung Speaking*）

✡ 打造有意義的聖殿
✡ 逐一檢查架子
✡ 學會閱讀說明書

對我來說，九月一直是個重要的人生里程碑，尤其今年九月，更是別具意義：從這學期開始，大女兒伊萊莎開始要獨自走路去上學了。儘管她只要走几條街，而且這段路很安全，但第一次讓她自己一個人走，我們還是很緊張。不過在那個早晨之後，對於自己的獨立，她感到很興奮；只是對我來說，則是又歡喜又傷感——我將會非常懷念母女一起上學所共度的時光。

好吧，我安慰自己，還有小女兒艾麗諾，

她今年才要上幼稚園，我還是可以每天早上陪她一起步行去學校。開學那天早晨，我帶著她到新教室，很開心看到牆上的美術紙裝飾、積木區、道具服裝，以及一排排精心標示好的儲物櫃。但目睹這一切時，其實我已經有點感傷了。

在我計畫如何「待在家更快樂」時，最先想到的，當然是兩個女兒與老公。但除了人，「家」畢竟也是一個實體空間，裡頭裝著各種各樣物品。因此，我決定，這次的快樂生活實驗，要從處理「家裡的東西」開始。倒不是因為我覺得這些東西有多重要——其實根本不重要——而是因為我知道，在很多狀況下這些東西阻擋了視線，也拖累了我的生活。在我更深入尋找內心的快樂之前——也就是處理「婚姻」、「親子關係」、「家人」等之前——我希望能夠更好地處理那些擺放在家裡的東西。

不過，我所指的「家裡的東西」並不包括家具、壁紙、浴室瓷磚這類裝飾。我知道，很多人喜歡裝潢房子，但可惜我對於居家設計從來——至少在我讀《建築模式語言》（*A Pattern Language*）之前——沒什麼興趣。在這本難忘的、引人共鳴的書中，視覺建築師克里斯多福．亞歷山大（Christopher Alexander）和他的團隊，列出了兩百五十三種建築中一再使用、最討人喜歡的「模式」。閱讀這些模式時，我平生頭一次想像起住在一棟夢幻房屋中，裡頭可以結合諸如「朝東的臥室」、「有舞台感的樓梯」、「充滿野趣的花園」、「熊熊的爐火」，以及「沿街的私人露台」。讀了之後，老實說，我**全部**都想要，但我現在住的房子幾乎不可能辦到。所以，在處理「家裡的東西」的這個月，我會把重點放在那些「可以移動的物件」上。

你擁有多少東西，與你有多快樂……有關！

一個人擁有的東西與能獲得快樂之間的適當關係，總是引起熱烈的討論。很多人都說，你擁有多少東西，與你有多快樂無關，或是不該有關。但我覺得，有關。

有研究指出，我們應該把錢花在「能帶來快樂的經驗」上，而不是拿去買東西。但在我看來，買東西和買經驗之間的界限，有時未必那麼清楚——就像新買一組滑雪板，其實可以為你帶來日後滑雪的快樂；買一件時髦的洋裝，則會增加你跟朋友見面的樂趣；買一台相機，有助於保存快樂記憶，因而大幅增加快樂；擁有一隻狗，不僅是一種經驗，也是一段感情關係。另外，很多精采的經驗也都需要有具體的東西來輔助或加強，比方說，假如你有很棒的帳篷，露營就比較容易；萬聖節派對如果有很棒的布置，就會更好玩；旅行時選購明信片，能增進旅遊的愉悅；而蠅釣的樂趣之一，就是選購釣魚工具的過程。

我們常會否定物質生活的重要性，或者對於自己熱中於買東西而覺得不好意思。但想要擁有東西，是人類的天性。「的確有些社會不重視擁有權的概念，」研究者司泰科蒂（Gail Steketee）和佛若思特（Randy Frost）在《雜物》（*Stuff*）一書中提到：「但在大部分文化裡，人們與自己擁有的東西之間相互影響，一直是生活的中心。」

當然，很多文化都頌揚沒有牽絆、拋卻身外之物的人生觀。擁有與想要擁有的欲望，當然有可能會讓我們不快樂，當你擁有較少東西時，也的確可能讓你更快樂。我曾跟一個二十三歲的小伙子長談許久，他想說服我，如果把自己擁有的物品減少到只剩一個背包，會有多麼快樂。「對你來說是，」我笑著說：「但不見得適用於每個人。」

對我來說，家裡擺放著什麼樣的東西，對我的快樂程度影響太大了。因此，我這個月的目標之一，就是要設法從這些東西上，找到**更多**快樂。

一樣東西之所以珍貴，通常並不是因為價格很昂貴

其實，我們所接觸的一切，能為我們帶來快樂，也會帶來不快樂。愛——無論是愛一個人、愛一樣東西、愛一個地方、愛 隻寵物或愛一棟房子——都會讓我們同時面對可能失去的痛苦。我們可以透過節制，或是乾脆割捨，來減輕這種痛苦，但無法改變「有得必有失」的道理。而我希望，自己可以愛，但又不會被愛所擺布。

我常聽到有人說：「現在的人太物質主義了，以為有了錢，就可以買很多東西、可以帶來快樂，其實快樂是無法用錢買的。」

這個說法，涵蓋了好幾個觀念。第一個觀念是：「金錢買不到快樂」。沒錯，錢買不到快樂，但其實如果你花在正確的地方，錢的確可以買到能讓你更快樂的東西。我們總是面對各種壓力——包括金錢、健康、工作等等，而錢往往可以幫助我們紓解這些壓力，可以讓我們與身邊的人關係更緊密（這也許是快樂的最大關鍵），可以資助我們所支持的公益事業，可以協助我們從事一些帶來快樂的活動——生養小孩、種花、度假等等。

第二個觀念是：很多人——不是我們自己，而是**別人**——太「物質主義」了，「他們」

把物質看得太重要，還喜歡拿來炫耀。沒錯，太過物質主義的人，通常對於身外之物的重要性，會有著不切實際的過高期待。「他們」想要透過這些東西來定義自己，或提高自己的地位，或讓自己更快樂。研究顯示，物欲強的人比較不快樂，但何者為因、何者為果，則並不明確。

然而，很多看似「物質主義」的行為背後，其實有著別的原因，不能一律將所有購買行為都解釋為「炫耀性消費」。比方說，我有個朋友老是搶先去買最新的科技商品——不是為了顯示他買得起，而是因為他真的對科技著迷。女人買衣服的動機也是個謎，有些人喜歡漂亮衣服是為了讓自己開心，不見得是為了展示給別人看——儘管這也是目的之一。吳爾芙（Virginia Woolf）曾在她的日記中寫道：「下回我有寫作的衝動時，務必記得要寫一寫我的衣服。衣服，讓我深深愛上，不過那不是愛，我一定得搞懂那到底是什麼。」這種愛，能說是「物質主義」嗎？

無論如何，買東西（或是為這些東西拍照、寫使用心得）是我們與世界銜接的一種方式。當我們對一種事物感興趣，我們表達興趣的方式，通常就是研究、逛街、購買、收藏。喜歡藝術的人會去博物館，如果負擔得起，通常也會想買藝術品。喜歡做菜的人，會享受買廚房用具和食材的樂趣。我們常會渴望購買並擁有我們所愛的東西，即使不見得真的需要。我偶爾才會想讀《富蘭克林自傳》，而且我們家附近的圖書館裡有兩本藏書，但我還是想自己買一本。當我們擁有某樣東西時，常會想拿給別人看，和別人分享。這，能說是「物質主義」嗎？

很多我們所擁有的東西之所以珍貴，並不是因為很昂貴或奢華，而是因為它們代表的意義，例如很多不值錢的小裝飾品、自製的物件、舊書、老照片、古怪的收藏等等。但由於我們常常不希望自己顯得太過物質主義，所以我們往往沒有花**足夠的**時間和心力，去思考這些東西可以如何增進我們的快樂——至少我就是這種人。

擁有很少東西的人，會快樂嗎？當然會。幾乎一無所有呢，會更快樂嗎？是的。但對大部分人來說（包括我），其實只要買得明智，擁有的東西也同樣可以帶來快樂。

一整年都沒用到，卻捨不得丟，這是什麼心態？

我們常聽到有人說：「啊，我要**活得更簡單！**」歷史上許多偉人也曾極力主張，人類應該過更簡化的生活。例如，隱居華爾騰湖（Walden Pond）的作家梭羅就曾告誡：「我們的人生正在點滴流逝……簡化，簡化，簡化！」這種對簡化的渴望，太強大太複雜了，因此我覺得需要一個專有的詞來形容。但該如何稱呼這種渴望呢？我在部落格提出這個問題，結果有位讀者提供了一個很棒的答案：「華爾騰渴望」（Waldenlust）。這種渴望，通常透過幾種不同形式展現，例如對於一切「斷捨離」之後所能帶來的自由，有著無限幻想；或是懷「舊」——因為「舊」往往被視為比較「單純」的時代；還有對「原始生活」的嚮往——因為「原始」通常象徵著純真、更接近自然。

沒錯，我自己也常幻想著擺脫各種物質的牽絆。我寧可把抽屜裡所有東西扔掉，也懶得花時間去挑出其中可用的東西；就算看到很實用、很漂亮的東西，我往往也決定不買，因為我不想面對擁有了這些東西之後的麻煩。幾年前，我經過加州一個無名小鎮的便利商店停車場，忽然想像著自己拋棄了一切——身邊的所有東西、人際關係、企圖心——從此隱居起來，揮揮手不帶走雲彩。就像那首著名的蘇格蘭民謠唱的：**羽絨床有什麼好留戀的？——我要跟那些一身破爛的吉普賽人離去**。有時候，我還會有一種原因不明的詭異心情，覺得自己太愛某些東西，愛到想毀了它，好讓自己從此擺脫對這東西的依戀，不必再擔心自己有一天會失去它。我甚至為此寫了一本書，叫做《世俗的浪費》（*Profane Waste*）。

有個朋友告訴我，他得去處理寄放在爸媽家的二十箱東西。「真希望來場火災或洪水，」他說：「這樣我就不必費事了，我真不想去處理那些東西。」

「那為什麼要去處理？」

「我爸媽老是催我啊，那些箱子原本只打算暫時寄放，結果居然拖了一年。」

「如果你一整年都用不到，或許這些東西根本不重要吧。」我說。「如果你希望有把火全燒了，或許你可以乾脆把箱子扔掉，就不用去處理了。」

「不行啦，我不能這麼做。」他搖頭。

我點點頭，很了解那些布滿灰塵的紙箱所帶來的心理壓力。過去幾年，我在「克服凌亂」這件事情上大有進展，但還是無法完全擺脫。東西太多的壓力，讓我不安又苦惱，這種因為取得、使用、維護、儲存、丟掉東西所製造出來的壓力，消耗了我的精力和時間。

然而，儘管我想要簡化生活，但也擔心自己會**太過**想簡化了——我不想因為過度簡化，很失去太多生活中的樂趣。我的快樂生活提案第一原則，就是要「做自己」。而要做自己，很重要的一點，就是不要把別人努力培養的優點，當作**我**也該培養的優點。因為嚴格來說，我本來就活得「太簡化」了，要不是為了詹米和兩個女兒，要不是我母親一直教導我，我想我會永遠住在一個家徒四壁、遮光簾扭七歪八的屋子裡。有些人可能會很欣賞這樣的簡化，但我不喜歡。對我來說，那是逃避和冷漠的結果，而不是自願樂在清貧的表現。

我一直是這樣。大學畢業後，我跟三個朋友住在華府的一棟房子裡。同住一年後，一個室友很善意地告訴我：「葛瑞琴，跟你住在一起之後我發現，你的生活不會減少，也不會增加——你從來不會把屋子搞得亂七八糟，也從來不會帶甜點回家，不會主動打電話找人來修電視。」這番話說得太中肯，我總是告訴自己做任何事情都要「簡單就好」，我去參加艾麗諾的開學派對時，帶紙盤子的決定會讓我比較快樂，但要我帶自製馬芬蛋糕就會讓我頭痛。

但「保持簡單」未必是正確的，很多讓我的生活更複雜的事情，其實也能增進我生活中的快樂。例如生小孩，或是學習在網站上貼影音檔、去遠方參加親友婚禮等等。如果做什麼事情都只想著「簡單就好」，只會讓我的人生很貧乏。

我曾問一個朋友，什麼東西能讓她快樂？她的答案是：「狗和鮮花。」狗和鮮花！我當然知道，這兩樣是出了名的快樂催化劑，但在我家裡卻從來沒出現過，我不想養寵物，也不想種盆栽——太麻煩了；我也不喜歡旅行——總覺得出門很費事；我知道「玩」很棒，卻很少去玩——太麻煩了。

在家裡，我只想要有簡單的平靜——空間和秩序的平靜。我希望可以藉由我所喜愛的東西、充足的生活必需品，以及一種豐富的混亂，帶來富足感和想像空間。我還會留下一個地方，擺放那個有六十年歷史的錫製蘇打餅乾罐——因為我太喜歡它的形狀和顏色了。

把不重要的丟掉，只留下有「連結」的東西

因此，面對擺放在家裡的東西，我所想的不光是整理、丟掉或留下這類的問題而已，我更在乎的，是**連結**——當我覺得某件東西跟我之間有連結，就能給我帶來慰藉；相反的，假如這件東西跟我之間沒法有所連結，我就會覺得是負擔。

我所說的**連結**，指的是以下兩種形式。首先，是**使用**。如果我常常使用某樣東西——穿上一件紫色的大衣，把出外的雜物裝進一個運動袋裡，查閱一張捷運路線圖——就會讓我覺得跟這樣東西有交流。長期不使用的東西，會讓我非常內疚，例如一雙從沒穿過的靴子、從來沒打開來玩過的遊戲盒、始終放在櫥子裡的漂亮白色瓷器等，外加那些壞掉的、再也不適

用，或是我從沒真正搞懂怎麼用的東西。這些東西默默躺著，卻彷彿都在大聲責備著我。

其次，是**回憶**。我們家有個書架，上頭放著兩個女兒在托兒所時期自製的手工書，每一本都因為裡頭黏到了義大利通心粉和棉球而鼓鼓的。每次經過這個書架，都會讓我回想起那些日子。還有，廚房流理台上有三個木頭齒輪模型，是我們搬家時我媽送的，每次看都覺得很開心。

「樸素，不等於簡單。」建築大師萊特（Frank Lloyd Wright）曾經說。「知道自己該捨什麼、取什麼、放在何處、怎麼放，啊，這就是簡單的學問。」因此，我的目標是：讓家裡擺脫不重要的東西，騰出空間給重要的東西。這個月，我要做兩件事：第一，找出有意義的東西，看看怎麼擺放最理想；第二，丟掉那些無意義的雜物。

我試寫了三枝筆，才找到一枝有墨水的，然後我就用這一枝（把另外兩枝丟了），在新的決心表第一頁，寫上接下來要完成的各種決心事項。為了要好好呈現這些珍貴的東西，我決定打造一個「聖殿」，然後「好好欣賞每一層擺放東西的架子」。而且，我還要提高自己對一些不常用的東西的責任感，例如有些儀器，之所以用得少是因為我不太會操作，因此我決心要練習「看懂說明書」。

當我思索著擺放在家裡的東西時，《聖經》裡一句話不斷浮上腦海。耶穌說：「你的財寶在哪裡，你的心就在那裡。」這個月，我得來好好搞清楚自己的心和財寶之間的關係。

打造一個聖殿，奉獻給自己與家人

我前面說，要「打造一個聖殿」，意思是說，要把家裡改造成一個「處處有連結」的空間。我有個朋友的住所，看起來像個出租公寓，美是美，但毫無個人特色，看起來似乎不屬於任何特定的人。我希望，我的家更像個家。

啟發我這麼做的，其實是女兒艾麗諾。我們家到處——窗台上、我老公書桌旁的台階上、她的房門後、床頭櫃上、臥室裡搖椅後面——都是她蒐集來的各種寶貝，她說那都是她的「地盤」。這些地方，都經過她的「精心」安排，擺上各式各樣蒐集來的瓷杯、公主小雕像、蠟筆、撕碎的衛生紙、食物模型、有香味的護唇膏、塑膠電話，還有發亮的小玩意兒等等。對艾麗諾來說，每一個旁人看起來亂糟糟的場景，其實都有固定的位置，任何人移動哪怕是一樣小東西，很快就會聽到她的尖叫聲：「誰拿走我門後面的叮噹仙女娃娃？」她會一個人在「地盤」上玩好幾個小時——從這個房間跑到那個房間，一邊移動小雕像，一邊跟自己說話。

我知道，把擺放東西的地方稱為「聖殿」，聽起來有點誇張，但這兩個字真的能為我帶來動力。畢竟，「打造一個聖殿」，聽起來就比「居家裝飾」要有意思多了。我說的「聖殿」，不是放著蠟燭、鮮花、雕像的神龕，而是像艾麗諾的地盤，珍藏著我的嗜好與價值觀。一個經過仔細安排的「聖殿」，可以激發我們去從事某些特定活動、進入某種特定的心情，是一種「奉獻」的象徵。

我們通常會花很多時間，待在家裡的某些特定地方。研究顯示，不論房子多大，人們會把大部分時間花在有擺放電視或電腦的客廳或房間、靠近廚房的餐桌、中島式料理台（如果有的話）以及料理台旁邊的餐桌上。也就是說，我們的餐桌、電視與電腦，通常得到我們最多的關愛。但我希望，家裡的其他地方也能有更多意義與美感。

我最想先打造的，是一個屬於家人的「聖殿」，在這個聖殿中，最重要的一樣東西是：照片。根據統計，有高達八五％的成人，會在皮夾或辦公桌上放照片或紀念品，而且快樂的家庭會傾向在家中陳列大量照片。在我家裡，已經有好幾個地方展示著大量照片，但有些新照片我一直沒裱框。這回，我終於下決心，把其中幾張照片拿到附近的裱框店，挑選了適合的相框，然後思考要如何在架子上陳列這些相框——例如把一些過去比較少看到的照片，放到更明顯的位置。

但光是這樣還不夠，因為這些照片大都已是我們家裡長年存在的一部分了，通常我們很少看上一眼。我要如何把全家人的注意力，都引導到這些照片上呢？我想到的點子是：找一個地方，來陳列新的照片。

過去，每年的萬聖節我都會擺出兩個女兒歷年來穿萬聖節服裝的照片。這些照片一直都是很棒的節日裝飾，而且因為平常不陳列，所以都會吸引我們注意。這回，我要找另一個地方，來擺放家裡每年寄出的情人節卡（我們家不在聖誕節寄卡片，而是在二月寄出用照片製作的情人節卡）。接下來幾天，我找出過去幾年的卡片，每一張都喚起好多回憶——五歲的伊萊莎穿著那件有成串櫻桃花樣的藍色洋裝轉著圈圈，那是她穿過的衣服中我最喜歡的；伊萊莎和艾麗諾穿著她們的花童服裝，參加我妹妹伊麗莎白的婚禮；伊萊莎把艾麗諾舉得高高的，兩個人都穿著芭蕾舞衣。

把卡片蒐集齊全後，我強迫自己再跑一趟裱框店（我真的很懶得處理這種事），終於，我挑了粉紅色、紅色和白色的相框，然後把照片全都放在一個置物架上，後退檢視成果——太美了。

我問自己：還有哪些東西能像照片一樣，提醒我有多麼深愛家人？我找到了一個本來放在我祖父母家的粉紅色瓷火鶴，祖母過世後，我留下這個東西當紀念品。我把它放在一個書架上，旁邊是多年前外婆給我的玻璃青鳥（一切似乎早有安排，青鳥正好是快樂的象徵）。看著這兩隻小鳥，讓我想起祖父母和外祖父母的深厚感情。東西的力量不在於大小，少數精心選擇的小東西，比起大量無意義的擺設更能喚起我的回憶。

盛開的紫藤，爬上了工作聖殿

接下來，我還可以在哪個角落，打造下一個聖殿呢？除了家人，我所擁有最珍貴的東西，就是我在工作和娛樂上都不可或缺的筆記型電腦。它不只是一台機器，而是我最忠實的僕人和同伴，我喜歡它，就像喜歡一隻狗或心愛的絨毛玩具。我把電腦放在書桌上，而書桌——就像客廳裡的壁爐、主臥室的雙人床、餐廳裡的餐桌——是我家最重要的中心之一，占用了我那個小書房裡絕大部分的空間，因此我決定：要讓整個書房成為工作的聖殿。

我喜歡書房，因為我喜歡工作，但書房本身並不特別討人喜歡。我從來不曾試著讓這個空間顯得美觀或有特色——赤褐色的牆壁至今還是一片空蕩——部分是因為房間太小，只夠塞進嵌入式書桌和一張小椅子，但主要還是因為我向來很懶（「保持簡單」——剛搬來時，我心裡就是這麼想的）。

但一份英國埃塞克特大學（University of Exeter）的研究顯示，可以掌控自己工作空間的人，工作起來會更快樂、更有動力、更健康，而且生產力高出三二%。何況，我在家裡工作時，很容易每隔幾分鐘就去浴室、拿飲料，或是找零食。一個舒適、誘人的工作間，能夠幫我培養坐在椅子上的定力——這是每個作家都需要的。

我站在書房門口看，儘管這書房看起來還算整潔，但狹窄的空間裡似乎擠了太多東西。於是，我把書桌上方架子上的一堆堆資料夾抽出來，其中有些是我擔任奧康納（Sandra Day O'Connor）大法官法務助理時的資料，有些是在聯邦通訊委員會服務時期的文件，還有一些是為新書所蒐集的材料，雖然這些東西我想留著，但可以挪到比較不礙事的櫃子裡。

然後我轉向那幾個亂糟糟、裝著文具的盒子。我把文具整理集中起來，另外買了兩個漂亮的紙板盒子裝一些小型的事務用具，然後把幾包印表紙排得整整齊齊。之前我一直想著要去買筆（因為每次要用時都找不到），整理了一個平常沒用到的抽屜之後才發現，裡頭躺了十五枝筆。

經過幾次淘汰和整理後，書房看起來更寬敞，而且我完全知道自己有哪些文具。這個井井有條的新面貌，讓我坐下來工作時更能專心，感覺也更平靜。

我還能做些什麼，讓書房更像個聖殿呢？

理想上，工作的空間應該有好一點的視野。研究顯示，有自然景觀的視野，甚或只是一張畫，都能讓準備考試的大學生冷靜，協助開刀後的病人復元得更快（據說開刀後的病人如果有人送花，能加速他們復元）。坐牢的人如果有扇窗是面對自然景觀，會比沒有窗外景色的人少生病。

但是，我的書房雖是紐約市少數採光明亮的地方之一，其實往外看去也只能看見一個柏油屋頂和兩台冷氣機。於是我想起研究顯示，很多人會用漂亮的風景畫來裝飾牆壁——尤其是沒有窗戶的房間。我忽然想到一個點子：乾脆來**彩繪牆面**。我向來很喜歡彩繪牆面和家具，有一次去朋友的家裡吃晚餐，就很喜歡他們家走廊上彩繪著繁花盛開的牆面。或許，我書房的牆也可以來畫點東西。

就在這時，腦子裡響起各種反對的聲音：「保持簡單就好！」「幹嘛浪費錢？」「你應該專心工作！」不，這回我堅定地告訴自己，我要打造一個能讓我更快樂的「工作聖殿」。我寫了email給那個朋友打聽相關訊息，沒多久，漂亮的彩繪紫藤就爬上了我書房的牆面。真沒想到，整個房間突然變得好精緻。我以前會覺得空蕩的牆壁給我一種平靜感——但現在有了盛開的紫藤和一隻蜂鳥，整個書房煥然一新了。

這也證明了：如果有個點子讓你興奮，計畫執行起來就容易得多，你的動作也會很快。相反的，如果你對這個點子不怎麼雀躍，執行起來會覺得索然無味，你也更可能拖拖拉拉。

讓家裡擺放的東西，呈現你的人生紀錄

有了屬於家人的聖殿，也有了屬於我自己的工作聖殿，接下來呢？我緩緩走過家裡其他房間，尋找下一個候選者。

幾年前，我遵循「做自己」的守則，欣然接受我對兒童和青少年文學的喜愛。在此之前，像是《小公主》（*A Little Princess*，史上最佳辯護故事）、《黃金羅盤》（*The Golden Compass*，史上最佳動物角色）、《小婦人》（*Little Women*，史上最佳家庭故事）這類作品，因為我自認是有深度的人，老覺得這種書太孩子氣。等到我承認自己真正喜歡和不喜歡的事情，不再被那些我**希望**自己喜歡或是認為我**應當**喜歡的事物所困擾之後，我發起了一個兒童文學讀書會。沒想到，這個兒童文學團體大受歡迎，後來因為參加的人數太多，我只好另組兩個讀書會。

參加這三個讀書會，逼迫我非得撥出時間閱讀並討論這些書。這回我決定，要為這個興趣打造一個實體的**地盤**。原本，這些書四散在家裡各處，現在我要騰出幾格書架，成為我的「兒童文學聖殿」。

「你在幹嘛？」看到我坐在地板上，身邊環繞著一疊疊的書，老公問我。

「我想把書集中起來，弄個『兒童文學聖殿』。」我回答。

「喔。」他淡淡地回應了一聲，然後很快就走開了。我很確定，他是怕被我抓來幫忙整理書。

等到我照著字母順序，把書排成一堆堆，我再度發現「做自己」這件事太重要了，因而應該奉為第五條快樂真理：**只有在符合自己本性的基礎上，才能建立快樂的人生**。換作別人，很可能根本不會想要「打造一個兒童文學聖殿」，但對我來說，卻能帶來更多快樂。

花了好幾天，這個聖殿終於完成，我得意地欣賞著自己的藏書。我喜歡的書，現在全排在一起了：這一架全是《哈利波特》（*Harry Potter*），那一架是我的舊版納尼亞（Narnia）系列叢書，還有我心愛的《小屋》（*Little House*）系列叢書（每年聖誕節我都會收到一本，連續九年）。依莉莎白・恩賴特（Elizabeth Enright）和愛德華・伊格（Edward Eager）的作品我看過好多遍了；瑪麗・史托茲（Mary Stolz）過去未曾得到我應有的關注。還有史翠菲德（Noel Streatfeild）、貝瑞（J. M. Barrie）、費雪（Dorothy Canfield Fisher）、柯林斯（Suzanne Collins）、卡修（Kristin Cashore）、蒙哥馬利（Lucy Maud Montgomery）、蘭歌（Madeleine L'Engle）、托爾金（J. R. R. Tolkien）、柯尼斯伯格（E. L. Konigsberg）——好多了不起的書，全都聚集在一起了。

這個聖殿最崇高的中心，則是我和朋友所製作的一本照片書《路威倫角四人行》（*Four to Llewelyn's Edge*），這本書是受到貝瑞一本《漂流到黑湖島上的男孩》（*The Boy Castaways of Black Lake Island*）中傑出的架構所啟發，故事中路威倫・戴維斯（Llewelyn Davies）的兒子們籌畫了一場海盜冒險、拍成一張張照片，而我的朋友和我，則是替我們兩人的小孩在中央公園拍照，然後把照片編成一本書。多麼令人喜悅的聖殿！光是站在這些書架前，我就很快樂了。

在另一個房間，我把一個書櫥變成了「歡樂與遊戲的聖殿」。置物架上擺滿了桌上遊戲、猜謎遊戲，還有五個玻璃藥罐裡頭裝滿了我們想留下、但不屬於任何地方的玩具（塑膠動物、仿珠寶、奇形怪狀的橡皮擦）。我在架子上還騰出了一個地方，放了五件我自己小時候最喜歡的玩具。另外，我一直想找個地方，放伊萊莎和艾麗諾嬰兒時期收到的那兩個可愛的銀色博浪鼓。它們是非常迷人的收藏品，但我一直不知道該拿它們怎麼辦。現在，就可以放在「歡樂與遊戲的聖殿」了。

我希望，生活中的重要歷程，都能有一個聖殿來記錄。接下來，弄個「法律聖殿」如何？我和老公是在法學院認識的，我們現在還有很多法學院時期就認識的好友，而且對耶魯大學法學院有很深的感情。但是那段時光遺留至今的東西好少——厚厚三本精裝的法律學報，書背上有我擔任主編的燙金字樣；詹米那本沉重的畢業論文，還有我們兩人都在聯邦通訊委員會工作時，翻得很舊的一本通訊法規修正案（尺寸像一本平裝本小說那麼大）。我們不需要別的了。法律是我們過往很重要的一部分，但不見得該因此建立一個聖殿。事實上，我丟掉了好幾本多年沒翻過的、很沉重的案例彙編資料。看到擁擠的書架上清出新的空間，讓我非常快樂。

花時間整理東西，意味著你重視東西的主人

開始打造聖殿之後，我發現，其實很多人早就在有意無意間，建立了自己的聖殿。一個很時髦的朋友，把她的項鍊展示在一張桌子上，而不是收在看不到的地方；一個愛書的朋友把她的書按照顏色分類，把書房環繞成一條彩帶；我婆婆茱蒂（Judy）是地平線劇院（Playwrights Horizon）的董事，過去十年，地平線劇院所推出的每齣新劇，都有一張很像劇院海報、但尺寸小很多的印刷品。婆婆於是發揮創造力，在家裡的牆上建立了一個驚人的「地平線劇院聖殿」。

「你怎麼稱呼這些……迷你小海報呢？」我指著一面牆問她。「這些啊，是廣告明信片，」她走過來站在我旁邊：「每齣新劇上演時，我們都會寄發。」

「你全都裱框掛起來？」

「是啊，每次我掛上新的一張，就會有一種成就感。」

比較常見的，是與「音樂」、「旅遊」或「工具」有關的聖殿。我還記得祖父母的車庫裡，有個角落裡掛著祖父的各種工具，每一件都有固定位置；有個喜愛藝術與工藝的朋友，把一個家裡的大櫥櫃改裝成小房間，小得只能塞進一把椅子和一張小檯子，裡頭的牆面從上到下都是區隔開的架子，每個空間剛好都可以放進一件特定的工具或設備。此外，對很多人來說，汽車也是一個重要的聖殿。還有浴室（研究顯示，女性比男性更喜歡待在浴室裡）、地下室（研究顯示，男性比女性喜歡待在地下室）都可以是聖殿。

快樂沒有舉世通用的法則，每個人都有自己特定的方式。研究指出，專心的人通常會比較快樂，比較容易感恩、有自信，比較不容易感到焦慮或沮喪，同時也更有自知之明。打造「聖殿」的過程，也讓我更專注在對自己最有意義的事情上。

有一天我跟老公出席一個工作上的社交場合，一位客人和我聊了起來，他問我最近在忙什麼，我解釋了一下我的快樂生活實驗。「我爸就有一個瘋狂的葡萄酒聖殿，」他點頭：「整個房間儲存了大量的葡萄酒**空瓶**，全都排在架子上，外加他的葡萄酒相關藏書，牆上還貼著法國的葡萄酒產區地圖。」

「好棒啊！」我說。

「是啊，但我們是不是高估了這些東西的重要性呢？重要的是**人**，而不是東西吧。」

「這一點一直有爭議！」我同意：「但似乎沒有絕對的答案，人很重要，但**同時**東西也可能很重要。」

「這樣說也沒錯。」

「我看過一份很精采的報告，談到人們和所擁有的東西之間的關係。研究人員發現，通常東西本身並不特別，特別的往往是這件東西所喚起的重要回憶或聯想。」

「所以本質上，我爸迷上的不是酒瓶，而是酒瓶讓他想起某趟葡萄園之旅，或是很棒的一頓大餐。」

「一點也沒錯，」我覺得自己快變成一個「快樂討厭鬼」了，但就是忍不住想談這個話題。「更有趣的一點是，研究過程中有一小組人否定東西的重要性，他們相信，東西對他們不重要，只有人才重要——但事實上，研究發現他們是最寂寞、最孤立的一組人。重視東西，不等於你不重視人。」

接著我們換了話題，但那天我一回到家，就衝到書房找出契克森米哈賴（Mihaly Csikszentmihalyi）和羅森柏格－霍頓（Eugene Rochberg-Halton）的著作《物品的意義：家中的符號與自我》（*The Meaning of Things: Domestic Symbols and the Self*），把底下這段重讀了一遍：

> 當我們訪談有關特殊物件的問題時，把某些訪談對象搞得很生氣，他們說自己的物質欲望並不強，物品對他們沒有意義。重要的是人，而不是物品……他們根本不認為象徵性的物品可以加強人際關係。這種想法一開始似乎可信，但後來我們開始注意到……那些自稱重視友誼勝於物質的人，似乎是最寂寞也最孤立的……而人際關係較好的人，則傾向於用實際物品表現自己。

我覺得這段話很有道理。我會用所擁有的東西，紀念重要的人際關係和經驗。

外在的整齊，有助於你內在的寧靜

「秩序是天國的第一法則。」詩人波普（Alexander Pope）曾如此寫道。但讓我意外的，是**凌亂**對快樂的重要性。儘管正向心理學研究者很少提到這一點，但在大眾文化中倒是可以看到很多討論。

對我來說，對付凌亂是一場永不停止的戰役。儘管我在第一個快樂生活提案時，就已經努力清除凌亂，但我還是很想找到更多方法阻止凌亂的發生。威廉．莫里斯曾呼籲：「家裡沒有任何東西是你不知道怎麼用，或是認為不漂亮的。」受此啟發，我決心要每個架子、抽屜、櫥櫃，一一檢視我所擁有的每 件東西。這件東西，有沒有人在使用？有沒有人很喜歡？如果壞掉或搞丟了，我們會買個新的嗎？如果是，這東西放在正確的地方嗎？如果不是，為什麼還保留著？

幾年前，我開始持續記錄一份「成人的祕密」清單。這些或大或小的教訓，是我成長過程中所領略到的。最近新加上的包括：

- 別人覺得好玩的事情，你未必覺得好玩——反之亦然。
- 抓住要點，對我們會大有幫助，但說來容易做來難。
- 你需要新朋友和老朋友。

・要把進度從A推到B，最快的方式就是**不要**工作得太辛苦。

・預防疼痛要比抑制疼痛容易。（這不光是字面上的意義）

・當你開始做出大幅改變，就是結束的時候了。

・一個深刻的道理，其反面也同樣是正確的。

・改變跟休息一樣好。

・說出意見比說得正確更重要。

・最棒的閱讀，就是重讀一次。

其中對我而言最有幫助的一條，就是「外在整齊有助於內在平靜」。這個月，「每個架子逐一審視」的決心令我更平靜，也讓我的心境更輕鬆了。據估計，一般美國人每天要花將近一小時找東西；「肥皂與去污劑協會」也提醒，清除凌亂會減少四〇%的家務。但研究拖延的專家皮爾斯．史迪爾（Piers Steel）指出，清除凌亂空間是人們最常拖延不做的活動之一。

我是那種住旅館也會把床鋪得很整齊的那種人——連退房當天早上都不例外，因此當我認真檢視，就發現家裡擺錯位置的東西多得驚人，有的還擺了**好幾年**。比方說，四年前，為了要聽一捲催眠錄音帶，我把一台老舊的隨身聽找出來，用完後就隨手放在臥室書架裡的書上，那台隨身聽從此就擺在那兒，動都沒動過。還有兩個沒電的鬧鐘、走道角落一疊沒看過的書堆，以及一面靠在牆邊、始終沒掛起來的鏡子。

只要想到整理，我總是從一個地方開始：衣櫃。正好我媽來紐約，我對流行時尚很遲鈍，但我媽有很好的品味，可以幫我判斷哪些衣服看起來不錯。我每件衣服逐一檢查，幾乎把衣櫃裡的衣服都試穿給我媽看。這件看起來還可以嗎？我上次穿是什麼時候了？以後我真的還會再穿嗎？

「我還以為這件藍色褲子穿起來會不舒服，結果還好，」我告訴我媽。「這件白色襯衫我很喜歡，但是很怕會染上污漬洗不掉。」

「盡量穿，每件都穿，」她勸我。「穿出去！掛在衣櫃裡一點好處都沒有。而且不要老是重複只穿那幾件，而是要設法穿你**所有的**衣服。」

整理衣櫃時，我也發現好幾條披巾——很漂亮，但我明明從來不用披巾啊！「我可以把這些放在高一點的架子上，」我心想：「還是送給媽媽好了？」結果，她真的想要。於是我一口氣就清出了一塊寶貴的衣櫃空間，也擺脫了冷落這些披巾的罪惡感。

整理的過程中，我發現這些原則格外有用：

走到哪裡，清到哪裡。當我在櫃子裡發現了不新鮮的玉米片，或是看到一塊乾掉的牙膏漬，我會第一時間清乾淨，而不是「**我稍後再來清理**」。

放棄原本的計畫。要完成一件事，最有效的方式之一，就是乾脆放棄。我家裡凌亂（也可以說是我心裡的凌亂）的原因之一，就是那些令人不安的「未完成計畫」。例如清點玩具櫃時，我看到一盒袖珍山景的組合玩具。當初在店裡買下時，伊萊莎和我覺得看起來很好玩，打算母女兩人一起做。但回家打開盒子，才發現幾頁印得密密麻麻、令人困惑的使用手冊。「看起來好難，」當時我說：「改天再來做好了。」結果，那盒玩具一放就是好幾個月。現在，我決定把裡頭有用的東西挑出來，放進我們的藝術器材中，然後把盒子丟掉。

只買需要的東西。買東西，通常只會讓凌亂狀況惡化；但有時候，買東西也會有好處。我向來是買太少的那種人，例如我一次只會買一瓶隱形眼鏡藥水，也不會買功能太特定的東西（比方說筆記型電腦包或雨鞋），我不用女性化妝包，而是重複使用一個塑膠夾鏈袋。我常告訴自己「或許我不真的需要」或「下回再來買好了」，但也因此，常常讓自己缺了需要的東西，或是使用一些不完全適用的東西，徒增不必要的困擾。這回，我終於逼自己買了一個新的烤麵包機。

別理會風水。常有人告訴我，「你應該去研究風水！」華人以風水來決定建築物和各種物品的布局擺設，希望帶來元氣、興旺、和諧。儘管一些風水的說法很有道理（例如扔掉枯死的植物，把前男友的照片丟了），但更深奧些的風水建議，就不太能說服我了。對我來說，在家裡的旺位放一堆紫色的東西，倒不如把同樣的時間和心力，用來做其他的改變。不過，我了解風水的吸引力，正如業力與吸引力法則——不管是不是真的，**感覺上**就是真的。

清理桌／檯面。有回我去洛杉磯看我妹伊麗莎白，發現她廚房的工作檯雖然很擠，但餐桌卻空蕩又美觀，印證了這樣的觀察一點都沒錯：乾淨的區域通常會保持乾淨，亂糟糟的區域會更亂糟糟。桌面應該是用來進行活動，而不是用來堆東西的，我告誡自己，要盡可能把所有的桌／檯面清乾淨。

考慮外觀。我希望我們家更整潔，同時**看起來**也比較不凌亂。每回碰到一堆堆亂糟糟的T恤，我老是無法掌握摺好衣服的竅門。一個朋友高中時代曾在童裝店工作，我聽過她誇耀自己多會摺衣服。「嘿，」有次碰面時我說：「我得上個摺衣服課。」我拿出帶來的白T恤。「為什麼？」她大笑：「你居然還帶了T恤來？」她拿起衣服，挑剔地看著：「唔，這件不好摺，質料太薄，沒辦法摺得很好看。」「沒關係，教我怎麼摺就行了。」她把那件T恤拿起來，正面對著自己，然後把左邊袖子往中間翻，接著是右邊袖子。接下來，她抓住兩端往裡摺，然後放下T恤，對折成一半。速度真快。「多練習幾次，」她說，「就會愈來愈上手了。」

我練習了，摺完我所有的T恤，看到平整的那一疊疊衣服，真是讓我精神大振。東西擺放得整整齊齊，讓我覺得好滿足。

小心有問題的東西。要特別留意「可能製造凌亂」的東西，比方說：

- **可愛，但是不好用的廚房用品**。
- **壞掉的東西**。要承認東西壞掉，為什麼那麼困難？比方說，那個有毛病的烤麵包機、伊萊莎的青蛙鬧鐘、家裡三把斷了傘骨的雨傘，還有那個有裂縫的花瓶。另外還有一些沒換新的小電器，真不懂我們為什麼還留著壞掉或過時的舊款。
- **看起來似乎很有可能用得上、但結果從來沒機會用的東西**。比方說，太大的水瓶或是很複雜的葡萄酒開瓶器。
- **讓你想「省著」不用的東西**。這種想法通常沒有道理。如果買了一瓶精緻的沐浴乳卻從來不用，那買來幹嘛？我為什麼要「省著」那些祖父母傳給我的彩色馬口鐵盤子？一個朋友悔恨地跟我說：「我把一瓶昂貴的松露油省著捨不得吃，結果放太久都臭掉了。」東西就該用掉、消耗掉。

・**好看卻無用的東西**。伊萊莎和艾麗諾都各有一套嬰兒瓷盤，但要拿來做什麼？（我始終想不出一個滿意的解答，只好收在一個很少用的抽屜底層。）

・**本來要鼓舞我的東西，結果卻變得很礙事**。幾年前，我買了一個數位錄音筆，因為我希望如果有適當的工具，就可以進行採訪。但我並不真的想做採訪，買了那個錄音筆也無法改變這個事實。我有幾個朋友也是因為同樣的錯誤邏輯，買了昂貴的運動器材。

・**收得很妥當的東西**。無論收得多麼整齊，沒用的東西還是會製造凌亂。幸好我們家沒有太多的儲存空間：沒有閣樓，沒有雜物間，也沒有另外租小倉庫，只在這棟公寓大樓的地下室有個儲物箱，用來放節慶裝飾品、多餘的冷氣濾網，以及一些塑膠兒童椅。我們也沒有車庫——很多人會把車庫當倉庫。事實上，根據美國能源部估計，凡是車庫可以停兩輛車的人，二五%都沒把自己的車停在裡面。

・**祖父母寵孫女的禮物**。我們家兩個女兒常收到祖父母送的東西。我婆婆從來不買新奇玩意給自己，但對兩個孫女，她會放縱自己對太陽能稜鏡、成套迷你彩色鉛筆這類東西的祕密熱愛。這些東西很好玩，但是得定期收拾，免得散得到處都是。

・**從來不用的東西**。現在該把我去年送給詹米當生日禮物的電鍋轉送給別人了。唉，他喜歡烹飪，我以為這個禮物很棒，但他從來沒用過。

你的舊電腦、孩子的舊玩具，掰了

無論如何，當我逐一檢視公寓裡的每個架子時，最難以決定該如何處理的，是那些我們不再需要、但曾經很珍貴或很常用的東西。一如哲學家亞當・斯密（Adam Smith）所解釋的：

> 我們以為……對物件懷抱著感激之心，常會帶給我們極大的愉悅。一個遭逢船難的水手甫上岸，就用剛剛他藉以逃生的那塊木板來生火，看起來似乎很不近情理。我們會期望他小心而深情地保存那塊木板，視為一件頗為寶貴的紀念物。

這段話，解釋了為什麼我要留著我那四台舊筆記型電腦。就像個船難獲救的水手，我覺得很難跟這些舊電腦分開，它們曾經那麼忠實地為我服務，陪著我周遊各地。

但現在，該是告別的時候了。我為它們拍了照片當紀念，然後就交給伊莱莎，讓她帶到學校參加電子設備回收活動。

與兩個女兒有關的東西，也會讓我特別難以割捨。告別童年時期使用的東西，有時是一種快樂——例如把艾麗諾的尿布桶給丟了那天，我們幫微笑的她和尿布桶拍了一張合照。不過更常見的狀況是：會帶來失落感。伊莱莎再也不關心她的絨毛玩具「雞先生」了，艾麗諾也永遠不會再使用她心愛的紫色吸嘴杯了。兩個女兒以前穿過的美人魚和「綠野仙蹤」桃樂絲服裝，現在都穿不下了。「時光一年年過去，把我們身邊的東西一一奪走。」古羅馬作家賀拉斯（Horace）曾寫道。但我該拿這些東西怎麼辦？

我最好**現在**就決定要丟還是要留。留著愈久，我就會愈捨不得，但我不可能把女兒喜歡過的每樣玩具或每本書都留著。而且還不光是玩具和書，我還翻出了一管她們幾年前用過的長牙舒緩凝膠。我發現，要把她們嬰兒期的這件東西丟掉，竟是出奇困難。

這些最平凡的東西，讓我依依不捨。「媽咪，你來看我小時候的這段影片！」有回我開完會剛回家，艾麗諾就對著我喊。「愛許莉在她的筆記型電腦裡面找到的。」她把我拖向餐桌，我們的臨時保母愛許莉正開著電腦。「來嘛，你看！那時候我穿著那件小花睡袍，現在在哪裡？我要穿！」

「啊，我看看，」我回答，跟艾麗諾、愛許莉盯著螢幕。「我還記得這件小睡袍。愛許莉，這段影片是什麼時候拍的？」

「我想是三年前。」愛許莉說。年輕時髦的愛許莉很懂這些高科技的東西，當初就是看到她手機上的照片，才激發我開始用手機拍照。

「艾麗諾，你看起來好小，好像一點都沒變。沒錯，你那時穿著那件你很愛的睡袍。」

「那件是我最喜歡的，」艾麗諾宣布，其實那件睡袍她好幾年都沒穿過了。「睡袍還在，對不對，媽咪？」

「當然了。」我撒了個小謊，期望她永遠不記得再開口要。

那件睡袍早就不知丟到哪了，但有些東西我絕對會留著。比方伊萊莎第一副太陽眼鏡，鏡框是鮮豔的藍黃兩色；艾麗諾以前常穿的「糖果地」牌鞋子；美人魚戲服；兩個女兒的嬰兒書（我得承認只完成了一半）。可是我要怎麼整理並保存這些東西呢？然後我想到了：為每個女兒設置一個回憶箱。

巧得很，因為我之前在逐一檢查每個架子時，剛清出了兩個塑膠儲物箱。所以我幫每個女兒在箱子上貼了標籤，然後去她們的房間尋找可以放進箱子裡的東西。在評估要留下哪些紀念物時，我發現：當我允許自己保留一件特定的東西時，就有辦法丟掉更多東西。例如當我決定要留下波莉口袋娃娃——她身上的衣服讓我們永遠不會忘記那個年代，於是我就可以丟掉其他貯藏的東西。留下少數幾件特別的美勞作品，就意味著我不必保留每張圖畫。同時，儘管放棄一些女兒們幾年前的玩具或書總會讓我痛苦，但如果是送給我妹妹還在嬰兒期的兒子傑克，我就很樂意。我送了他兩大箱的幼兒繪本，還有一個裝滿塑膠食物的塑膠購物推車玩具，是他以前來訪時很喜歡的。知道傑克會很喜歡這些東西，減輕了我的失落感。

「沒在用」的東西和「沒用」的東西，是不一樣的

當我逐一檢查架子時，愈來愈感受到「稟賦效應」（endowment effect）的威力。稟賦效應是一種心理學現象，指的是一旦我擁有某件物品，我對它的價值評估就會比較高。我可能

不特別想要那個紫色的馬克杯贈品，但一旦那個馬克杯屬於我，我就很難放棄。稟賦效應表示我所擁有的東西——即使是我從來不太喜歡也很少用的——就有權要求我付出，而我擁有這些東西愈久，就感覺這些東西的價值愈高。

因此，我對取得的東西更加小心。去參加大型會議時，我會拒絕附送的宣傳贈品。我不理會特賣活動的機會。幸運的是，旅行時我從來不會有購物衝動——觀察一些朋友的經驗，我知道有些東西在異鄉看起來很誘人，但買回家就大半不是那麼回事。事實上，累積物品是要付出代價的。擁有東西會耗費寶貴的時間、空間、精力。即使我能設法擺脫稟賦效應，還是得想出要如何擺脫這些物品。

我跟一個朋友提起我逐一檢查每個架子的經驗，她點點頭。「啊，我知道那種感覺，」她說。「我的公寓裡頭塞滿了垃圾。」（是真的。而且我也碰巧知道她在**三個州**都租了儲存空間：一個在她從小長大的小鎮上，一個在她祖父母住的地方，還有一個離她現居公寓四十分鐘車程外。）「我最近得找一天整理。」

「啊，不要整理！」我趕緊說。「這種時候不要為整理傷腦筋了！」我及時打住，因為不希望自己顯得沒禮貌。

「什麼意思？」她驚訝地問。「你看過我住的地方，是真的很需要整理啊。」

「這個嘛，」我小心翼翼地建議，「首先，你不妨先試試清掉一些東西。這樣你就不必整理了。」

「什麼意思？」她一副懷疑的口吻。

「有些資料如果你其實不需要，就乾脆丟掉，而不是歸檔。有的衣服要是都沒在穿，就可以送給慈善機構，然後你就不必在衣櫃裡騰出空間放了。」我還沒提到她租的儲存空間呢。有些事最好適可而止。

「啊，我大部分東西都有在用，」她跟我保證。「我不必處理掉太多。我只是得去買一些收納用品，這樣就可以整理得更有秩序。」

我不敢開口，怕又說出不該說的話。

毫無意外，我注意到凌亂問題最嚴重的人，往往會一時衝動跑去買複雜的衣架、輕巧的抽屜分隔架，或是不同顏色的塑膠收納箱。收納用品有可能非常有幫助——只要它們真的能讓我們的必要物品更有秩序，而不光是讓我們可以把更多凌亂塞進去。

一般來說，當我清楚知道該去哪裡找我要的東西，可以輕易把一封信放進一個資料夾裡，把一條毛巾放到某個架子上，我就會有一種更能控制自己人生的舒適感（或幻覺）。消除凌亂讓我日常生活的負擔更輕，而當一個朋友私下跟我坦承：「我清理了家裡的衣櫃，感覺自己像是輕了十磅。」我完全明白她的感覺。

我在逐一檢視架子時，會在心裡迅速評估以下的問題：我們平常有在用嗎？我們喜歡它嗎？問了這兩個問題之後，我明白**沒在用的**東西和**沒用的**東西有個很重要的不同點。伊萊莎再也不用她的小動物墨水印章了，我也沒在用我母親送的那些漂亮又鮮豔的復古紙帽，另外放在我們書架上、裝在皮革盒子裡的那把計算尺，我們從來都沒用過——但這些東西都各有珍貴之處。我希望我的家中充滿了帶著象徵意味、牽動情感、有實際價值的東西。這些東西會留在我們家，不像那個心形的煎餅模子會被丟掉。

讀說明書，也是一種成長

漂亮且製作精良的工具用起來很開心，而不知如何使用的工具則令人筋疲力竭。我常發現，那些曾經很容易上手的東西，例如電視、熨斗、洗碗機、鬧鐘、洗衣機，現在用起來都是一種很丟臉的挑戰。

認知科學教授唐納．諾曼（Donald Norman）指出，當我們期待一件裝置（例如體重計或飯店房間內的燈具開關）很容易操作、但結果卻並非如此，我們會傾向於責怪自己。一個星期天下午，我拚命試著想把筆電和桌上型電腦的資料同步，螢幕上卻一直出現奇怪的錯誤訊息。最後絕望中，我問詹米可不可以來幫我看一下。他在電腦上花了十五秒鐘後，宣告：「呃，我們家的網路暫時不通。」原先我還以為是我做錯了什麼。

不知怎的，我發現家裡有幾件很平常的家庭用品，是我不太會用的。我花了很多時間才學會操作數位錄放影機；我不曉得要怎麼用市內電話機的「靜音」功能；把相機裡的照片上傳到電腦，對我來說很吃力；筆記型電腦那個捉摸不定的無線滑鼠，讓我覺得無力。我太少從 iTunes 上買東西，因而每次買都要從頭摸索起。

使狀況更複雜的是，詹米是個「不徹底的升級者」。他會心血來潮換掉一個設備，卻不見得會花時間學會怎麼用，或者就算他學會了，也沒耐心教我。而我又沒耐心自己摸索。比方說，為了慶祝一次工作上的大勝利，他買了一個咖啡機回家，幾個星期後，我還是不會用，只好改泡茶喝。

不過我必須承認，這種挫折感也有一部分是自找的，因為我老是懶得讀操作指南。因此我下定決心，每次拿到一個新器具，或是舊器具不太會用，就要「閱讀說明書」，我要逼自己學會操作。

首先，我會用那個咖啡機了（其實沒那麼困難）。接下來，我想對付家裡新買的攝影機。當初詹米買回家時，我把攝影機從盒子裡拿出來，扔掉包裝材料，翻一下說明書，然後就開始按那些按鈕。現在我改試不同的方法。幾天後，我等到自己比較有時間又比較有耐心時，找出說明書，手裡拿著攝影機坐下來。我仔細閱讀那些操作指示，輪流看著說明書上的圖示和攝影機。我試驗一下，好確定自己會用了。忽然間，那個攝影機似乎簡單多了。（不過我還是很氣一件事：我竟得讀好幾次說明書，才能學會用**烤麵包機**。）

我的第一條快樂真理是：要快樂，我們就得思考在**成長的氣氛下**，什麼是**好感覺**、什麼是**壞感覺**，以及什麼是**感覺對了**。即使是一小步的成長——比方學會使用新的攝影機——都能激勵我們。而消除挫敗感和無能感，也能增加我們的快樂。

「閱讀說明書」也是一種隱喻，告誡我要做好所需的準備，不要期待能立即精通。我有需要的工具嗎？我知道如何使用嗎？要拆開一包商品時，我會乖乖尋找可以拉開的標籤或

「請由此撕開」的標示處，而不是毫無必要的亂扯嗎？我會為自己排出研究和學習的時間嗎？我以前老是省掉準備的時間，無論是為伊萊莎的生日派對設計電子邀請卡，或是學習一套新的文書處理技巧。「閱讀說明書」這個決心事項，提醒我要花時間準備。

我從烹飪界借來一個很有用的術語：*mise en place*，這個法文的意思是「一切就位」。*mise en place* 描述真正開始烹飪前的所有準備工作，包括洗切、食材備料、工具備齊。*mise en place* 可以確保一旦開始烹飪後，就不必跑出門買或到處找篩子。*mise en place* 是準備，但也是一種心靈狀態。工作輕鬆又順暢，就可以帶來莫大的滿足感。

這些是小事情，非常小，然而卻真的改變了我對擁有之物的心態，讓我更加舒適自在。

不是更少，也不是更多

「建立聖殿」、「逐一檢查架子」、「閱讀說明書」這些決心，讓我覺得更關心自己的物品，也更能控制了。

很多廣告不斷想說服你，說只要你買**更多**東西，就會更快樂，有時我覺得那些廣告吵得我耳朵都要聾了。另外我也常常聽到相反的訊息，說如果我擁有的**更少**，我就會更快樂。但我在這個月的種種努力，證明了快樂不是擁有**更少**，也不是擁有**更多**；快樂就是**我所擁有的**都是我想要的。這個真理還有個重要的推論：如果我不想要某樣東西，得到它就不會讓我更快樂——我不喜歡聽音樂，所以得到一副很好的耳機也不會增加我的快樂。

宣稱我們擁有更多或擁有更少，就必然會更加快樂，就像是說每本書都應該有一百頁。其實每本書都有適當的厚度，而每個人擁有的物品多寡、物品類型、會對哪種東西特別感興趣，也因人而異。這個人住在家具稀少的蒙古包很快樂，那個人則是添購一套精美瓷器會很快樂。沒有適用所有人的單一法則，我必須自己判定什麼對**我**是對的。

原來擁有之物對快樂這麼重要，我把這個新發現告訴我妹妹伊麗莎白。她說：「**你**居然會說出這樣的話，好像有點諷刺耶。」

「為什麼？」我問。

「因為比起大部分人，你對擁有東西不是非常感興趣。你不喜歡購物……」

「順帶一提，」我插嘴，「你知道美國人平均每星期購物時間是六小時嗎？」我向來忍不住要提供剛得知的快樂相關資訊。

「你不喜歡購物，」她繼續說，「你的衣服不多，你不喜歡整修家裡、買家具之類的。你不在乎珠寶或很多人都喜歡的東西。你不收藏任何東西。而且你老是在設法丟掉東西！」

「嗯，我算是有收藏青鳥吧。」

「或許吧，但你不去古董店或跳蚤市場，也不去 eBay 找東西。你的青鳥都是別人送給你的。」

「這倒是真的。」

「所以我只是覺得很有趣，現在你居然會這麼支持擁有東西對快樂很重要。」

伊麗莎白很了解我。我的衣櫃裡有很多空間。我沒有積極收藏任何東西（包括青鳥在內）。我對購物能免則免。我有七副耳環，但几五%的時候我都只戴同一副。但別人可未必如此。我有個朋友有超多開襟毛衣，多到令人髮指的地步，但每一件她都很喜歡。

我對身外之物的容忍度頗低（儘管對我的快樂來說，擁有之物扮演了一個重要的角色），當我的住家也反映這個傾向時，我就會比較快樂。就如同心理學家威廉・詹姆斯（William James）的觀察：「哪些可以說是**我**、哪些又可以說是**我的**，兩者界限實在很難劃分。我們會對自己所擁有的某些東西有感覺和反應，很像我們對自己會有感覺和反應一樣。」

| 10 月 |

你在哪，家就在哪

快樂的婚姻

你所停駐之處，即是我的家。
——艾蜜莉・狄金森（Emily Dickinson）

✡早也親，晚也親
✡別講傷人的話
✡提出正面論點
✡給自己更寬廣的人生

這個月，我準備投入一個更重要的主題：婚姻。

穩固的婚姻能帶來快樂，原因有二。第一，本來就很快樂的人，會比較容易找到理想的對象；比較寬容的人，也會比不快樂的人容易結婚並維繫婚姻。其次，婚姻會帶來快樂——這是因為支持和陪伴，是快樂人生重要的元素。

大部分婚姻都有**門當戶對**的傾向——也就是說，雙方的年齡、教育程度、族裔、魅力程度、政治理念等方面，都傾向於類似。而且隨著相處時間愈久，兩人會互相影響（無論有意或無意），於是還會更相似。此外，還有個叫做「健康同步」（health concordance）的現象，意思是雙方的行為會傾向於同化，他們會感染到對方有關飲食、運動、抽菸、喝酒、看醫生的健康習慣。這種現象有時是好的，例如當其中一方戒菸，另一方有六七%的機率會跟著戒；有時則會更糟，例如已婚伴侶都過胖的機率，會增加到三倍。有時剛結婚，雙方並不怎麼相似，但結婚二十五年後，會變得愈來愈像——看起來最像的，通常是婚姻生活最快樂的。

我和老公詹米的關係，是家庭生活快樂最重要的因素。詹米就是我的家，只要我們相守，無論人在哪裡，家就在哪裡。我想營造出一種溫柔、浪漫、輕鬆的氣氛，我希望詹米快樂——而且我知道當我更快樂時，他就會更快樂；要是我看起來不快樂，他也會很擔心。

以前眼裡只有他，現在忙著看電腦

詹米和我是在法學院認識的。我還記得第一次看到他走進圖書館時——一股電流傳遍我全身。他當時穿著一件巴塔哥尼亞牌的桃紅色套頭衫（這件衣服我保留到現在）。我走到一個朋友旁邊，若無其事地低聲問：「那個人是誰啊？」

我們的法學院很小，彼此的社交圈開始重疊。有天晚上，我們在一次晚宴中坐隔壁。接著有天下午，我們在法學院彩繪玻璃窗前的階梯巧遇。當時他有女朋友，我也有男朋友。然後他和女友分手——法學院很小，消息很快就傳開了，一星期後，我也跟我男友分手了。

有一天早晨，我走到法學院庭園裡，向朋友宣佈我跟男友分手的消息。我特別觀察他，看他有什麼反應——結果，沒反應。ㄟ，我心想，或許我誤解了他的狀況。那種彼此來電的感覺，是我想像出來的嗎？畢竟，我們不曾單獨相處過，每次身邊都有其他人，而且都從沒向對方傳過一丁點浪漫的暗示。

那天下午，他跟我說，要走一段路去買汽水，問我要不要一起去。我們走到商店，然後回到法學院，來到幾棵正開著花的木蘭樹下，坐在一張長椅上。我們開始聊起一些事情，然後他握住我的手——我們第一次碰觸。那一刻，如果他跟我求婚，好像也完全合理，而且我很可能當場答應。幾個月後，我們真的訂婚了。

這麼多年後，我們之間依然如昔嗎？可以說是，也可以說不是。說是，是因為我對他的愛依然熱情不減，而且更深了，因為我更了解他。說不是，則是因為如今他在我的生活中無所不在，以至於有時我很容易忽略他。在婚姻中，彼此太緊密相連、太相互倚賴了，因而很難維持當初的驚喜和興奮之感。

如果說，我從《過得還不錯的一年》中學到了什麼，那就是：如果我對生活有某種特定的期望，那麼我自己就必須做到。所以，要是我希望婚姻溫柔又浪漫，那麼**我自己**就得先溫柔又浪漫。

我溫柔又浪漫嗎？我感恩、體貼、寬容、風趣嗎？我老是在家裡走來走去，兇巴巴地提醒這個、命令那個嗎？我常會顯得不耐煩或覺得被冒犯嗎？我常會擺臉色嗎？詹米和我剛認識時，只要他在場，我就很難專心看書，頂多只能看看報紙，更複雜的東西就讀不進去了。但現在正好相反：我發現自己常會忙著工作或收email，而抽不出空跟他交談。

我進行第一次快樂生活提案時，曾遵循幾個有關愛與婚姻的守則，比方說「戒掉嘮叨」、「別期待讚美和感激」、「要正確吵架」，以及「拿出愛的證明」。詹米的回應，一直是讓我最滿意的結果。當時的他，原本沒什麼興趣配合我，對於思索快樂哲學中更細微的觀點，或是討論別人的心情都興趣缺缺。但是，後來他變了。

他以前會酸我，或是講些刻薄的笑話，澆我冷水。不是很常，但有時就是會。現在，他很少這樣了。他會控制「虧」我的習慣——有時只為了要看我暴跳如雷的樣子，把我氣得半死。他也會分擔更多家務，不必我催他——雖然他的優先順序不見得照著我的想法走，但話說回來，我的優先順序也未必會照他的走就是了，例如我覺得寄節日卡片很重要，但他覺得修理冷氣更重要。他變得更體貼，更會表現出愛意，也比較願意幫忙收拾家裡。我盡量不再跟詹米計較，一如聖女小德蘭（Saint Thérèse of Lisieux）所說的：「只要心中有愛，你就不會計較。」而詹米也一樣。

有時我還是會被他搞得很煩（其實還滿常的），但我處理得比較好了（通常如此）。有天早上詹米說：「你能不能去拿一下我們的房屋貸款文件？」

「去哪裡拿？」我茫然地問。

「不曉得，檔案裡頭吧。」

「什麼檔案？」

「我們不是有一份叫『房屋貸款』的檔案嗎？」

「是嗎？那就得問你了！」每回詹米講到「我們」如何如何（但其實根本就是只有他而已）時，我就會很煩。「我們上星期掛好了裝飾品。」他會這麼說，或是「我們上星期寄出那張支票了。」

「拜託，」他不耐地說。「放在哪兒呢？」

一時之間，我真想繼續跟他吵下去，告訴他這種「我們」的說法為什麼讓我火大，為什麼他必須搞清楚東西放在哪裡，為什麼他不該老把這種事推給我，但我忍住了。我真的想跟他吵嗎？事實上，儘管很痛苦，但我寧可自己負責保管重要文件。「好吧。」我嘆了口氣。「我會去找出來的。」

「謝了。」他說。

我想到第一次的快樂生活提案進行期間所領悟到的一個真理，因為很重要，就把它列為我的「第六條快樂真理」：**我改變不了別人，只能改變我自己**。儘管我有時還是會很想交給詹米一長串清單，列出所有他該改變的地方（我心底認為相當合理），以增進我們的快樂；但是事實上，我只能列出自己該改變的地方。不過，我有了改變之後，我們的關係也就跟著改變，詹米也改變了。

既然愛對方，講話就別傷人

能有這樣的老公，我知道自己太幸運了。詹米的確有所改變，也讓我們的婚姻更快樂。但無論如何，比起其他伴侶所面對的巨大難題，這些改變感覺上實在很小又很好對付。即使我的婚姻生活相當快樂，但努力過得更快樂，仍然是一個值得努力的目標。

首先，我想拿出更多實際行動，珍惜跟詹米共度的這個人生階段。我們已經結婚十六年了，家裡有小孩同住，事業正在發展，買了房子，度過人生重要的幾個生日。我要確保自己不蹉跎這段時光。人生每一段時期都有特定氣氛、特定風味，但以前身在其中時，我老是無法珍惜。

我回想我們共度的第一年。剛訂婚時，有一段瘋狂、緊張的時期，當時我在耶魯法學院讀三年級，天天忙著編法律學報；詹米則剛進一家紐約的法律事務所工作，常常加班，那時我們都是搭火車，在紐約和耶魯大學所在的紐哈文（New Haven）之間來回跑。接著是新婚時期，住在我們的第一間小公寓裡，裡頭的家具要不是結婚禮物，就是我公公辦公室裡淘汰不要的舊貨。（我還記得有個朋友一進門就說：「我明白你講的辦公室家具是什麼意思了。」搞得我好氣。）當時還沒生小孩——只有我和詹米兩個人，我們是怎麼消磨週末的？我完全想不起來了。當時我幾乎不曾停下來，注意那段時光的特質，不過在那段模糊而黯淡的時光中，的確有幾段清晰的回憶特別亮眼。我還記得有天早上，在我們的第一個公寓，詹米叫醒我起來看一次特別美的日出；還有住進第二個公寓的某個早上，我們在有裂痕的天花板下醒來時，看到了片片雪花如畫般飄過窗外。

然後是新手父母時期。我還記得伊萊莎只有幾個月大的那年春天，我會用嬰兒背巾帶著她，走到詹米的公司，然後一家三口走路回家。當時伊萊莎好小，我可以毫不費力的帶著她走上好幾英里。我也記得，當時我和詹米忽然變成父母，帶著小孩出門，不再是只有我們兩個，感覺有多麼不同。

對我來說，詹米的長相一直都是那樣，所以當兩個女兒翻出一些舊相簿，我很驚訝看到他以前的頭髮那麼黑，而且我都忘記他以前戴了好多年的那副眼鏡了。另外，他是什麼時候丟掉那件我很愛的綠T恤的？

針對眼前這個快樂生活實驗，我希望跟詹米在一起時，我能更感恩、更溫柔、更配合他，也更風趣。我想擺脫會拖累婚姻關係的那些小抱怨和小煩惱。

這是婚姻中一個特殊的挑戰，因為研究顯示：**已婚伴侶對待彼此的確比較不客氣**。無論是平常講話，或是要完成一份工作，一般人對配偶總是比較不禮貌、不婉轉，不像對不熟的人那樣。這雖不令我意外，倒是加強了我的決心。詹米是我一生的摯愛，我決心要對他更體貼。就像我絕對不會兇巴巴對一個朋友說：「改天不行嗎？」或「你就不能去做一下嗎？」所以，我希望自己也不要再這樣跟詹米說話了。

我對自己的婚姻有很高的期待——後來我明白，這一點是好事。一份由心理學家唐諾・鮑肯（Donald Baucom）所帶領的研究顯示，對浪漫、熱情、尊重的期待相當高的夫妻，他們的婚姻通常也傾向於反映出這些價值觀。而期待較低的夫妻，則往往也會得到他們所期待的。在交往初期就不太容忍對方壞行為的伴侶，往後在這段關係中會比較快樂。

我希望在婚姻中，對自己期待得更高。

早也親親，晚也親親

專家常建議父母建立種種規律和慣例，好讓子女有可預測性、秩序與連結感。但成人也同樣渴望這些感覺。

我決心要建立一個「早晨親吻，夜晚親吻」的慣例。**每天**早晨，**每天**夜晚，我都要親吻詹米。毫無意外地，許多研究都確認：親吻能增進親密感、紓解壓力、加強連結。常常碰觸和親吻的伴侶，會感覺更親密、更溫暖。親吻是一個非常普遍的行為：在九成以上的文化中，談戀愛或是有性關係的人，都會彼此親吻。

我思索著每天不同的親吻時機。每天早上，我六點起床，比詹米早得多，於是我下床之前會先吻他一記（通常他的臉都埋在枕頭裡，所以我會親他的肩膀）。接著，除了他還沒醒來的那個吻，他出門上班前，我也會親吻他。另外他下班回來時，我也會給他一個歡迎回家的親吻——不像以前，只是心不在焉從房間另一頭招招手而已。有時只是匆忙吻一下，但有時會變成真正的、纏綿的擁吻。詹米向來習慣在睡前親吻道晚安，但我要確保我們絕不會漏掉一個吻。

沒錯，親吻還要排時間，似乎有點荒謬，但我提醒自己，如果有件事對我很重要，我就應該撥出時間去做，即使這也意味著要經常刷牙。我每天都會吻伊萊莎和艾麗諾好幾次，希望也能常常吻詹米。

早晚親吻還有個好處，可以確保詹米和我出門回家時，都確實把注意力放在對方身上。否則當我們在家裡忙著要出門或剛回來時，很容易就會只專注在自己的事情上頭。藉著表現得更有愛意，我會覺得自己更深情——同時，也讓詹米覺得更有愛意。

親吻同時也有助於提醒我，沉默有時比交談更舒服。有天晚上，詹米似乎若有所思，我正準備問他一連串問題，像是「你有什麼心事？」「一切都還好嗎？」「你好像心裡很煩？」然後我想到：「其實，詹米真的不喜歡這類談話。」於是我什麼都沒問，只是給了他一個長吻。這個吻似乎讓他開心了些。

有時，言語只會減損我想傳達的愛意。

你說得對，要不要一起喝杯咖啡？

很多人喜歡研究在快樂這件事情上，男人與女人有什麼不同。但我通常不在意這種差異，因為我認為其實每個人都不一樣。然而，某些研究的確對我有所啟發。例如「婚姻初期」研究（開始於一九八六年，所以現在這個計畫也納入了婚姻中期了）的主持人泰麗・歐巴克（Terri Orbuch）曾提出：新婚第一年過後，對於「討論彼此關係」這件事，男人與女人的想法會開始出現差異。妻子會覺得這類談話很有用，能讓她們感覺跟丈夫更親近；但丈夫則認為很煩，因為會讓他們覺得婚姻出問題或另一半要指責他，而且他們常把這類談話視為嘮叨——我老公就是這樣。

在前次的快樂生活提案中，我列出「別期待讚美或感激」的決心。啊，我多麼渴望認可的掌聲！我總是想要小時候貼在作業本上的那些金色星星，但詹米卻不常給我。說句公道話，他也很少批評我。可是我多希望他能讚美我，說我很聰明或很漂亮；我希望他會因為我把家裡打點好而讚美我。但他就是不會送出肯定我的金色星星，連偶爾說句「幸好你把電話記下了」或「你是對的，我們的確該帶傘」都沒有。

我長期都在跟這種渴望奮戰，也逐漸有進步——多多少少吧。然而，閱讀歐巴克有關「愛意的肯定」的研究，卻把我的注意力從**我**需要金色星星，轉向**詹米**需要金色星星。許多研究顯示，得到配偶的「愛意的肯定」——這個心理學術語，是指配偶一方的行動或言語，讓另一方感覺到被愛、被珍惜、被欣賞、被支持——對於夫妻雙方的快樂都很重要。但比較令我驚訝的是，金色星星對丈夫比對妻子重要。為什麼？

歐巴克推論，丈夫需要更多妻子給的金色星星，因為妻子能夠從婚姻外得到更多正面支持。沒錯，妻子也希望得到丈夫的支持，但通常她們還有其他支持的來源——家人、同事、男女性朋友，甚至陌生人，給女人的肯定通常都比男人多。相反的，男人更仰賴妻子的支持和體諒，因為男人的人際關係往往不如女人那麼強烈而溫暖，而且如果要尋求同情和親密感，男人和女人都會向女性友人求助。

一個朋友告訴我，她有天坐在自己的個人電腦前，發現她老公把她的螢幕保持程式改成這句話：「對老公好一點。今天，以及每一天！」她告訴我：「我第一次看到時，大笑了五分鐘。」這真是個好方法，我心想。於是，我下定決心，要送「金色星星」給詹米。

研究顯示，努力體貼對方的伴侶，感情生活會更快樂。這是因為體貼而帶來滿足感，或是因為滿足感而更加體貼呢？不清楚，但很可能兩者相輔相成。聖女小德蘭曾宣稱：「光是愛還不夠，我們還得拿出證明。」我能說些什麼、做些什麼，才能「送出金色星星」呢？

- **大聲讚美！**每當詹米工作上或其他方面有好表現，我就大聲張揚，告訴雙方的父母（他很謙虛，不愛張揚自己的成就）。研究顯示，為好消息慶祝，並為伴侶的成就（無論大小）表現出你的快樂，可以加強彼此的關係。沉默的支持，是沒有用的。

・**常說謝謝！**謝謝他幫我處理一些雜務——比方處理一張報稅表格、組合一件家具——甚至是某些他「理當」該做的事情。每當詹米幫我解決一個問題，或是給我一個有用的建議，我要告訴他這幫了我多大的忙，而不是視為理所當然。

・**我愛你！**我要更常說「我愛你」。研究顯示，較常表現出愛意的人，會讓其他家人覺得彼此更親近。

・**主動關心！**即使詹米沒要求，我也要設法幫忙。比方說，詹米從不吃止痛藥，除非我遞上藥丸和一杯水，所以他說頭痛時，我就會替他準備好。

・**絕不批評！**和其他人談起詹米時，無論他是否在場，我都只說他的好話——絕對不再抱怨或批評。

・**經常聯絡！**當我拍下兩個女孩的精采照片時，就把照片 e-mail 給他，讓他知道我們想到了他。他出差在外時，就隨時報告家中發生的甜蜜小事。

・**沒問題！**當他問我「能不能幫我一個忙？」時，我會忍下自己本能上的猜疑：「什麼忙？」反之，我會回答：「沒問題！」

・**配合他！**我會努力樂意配合他，不管他是要去健身房，或是週末還工作、提早離開派對，在最後一刻改變計畫，或老是重複問我同樣的問題，卻根本沒把我的回答聽進去。詹米旅行前喜歡提早打包，而且一到家就立刻把行李歸位。雖然我不覺得有那麼急迫，但反正這些工作早晚都得做，所以我會配合他。

・**專心講電話！**當他打電話給我時，我的口氣務必要開心又專注，絕對不匆忙或心不在焉。同時，跟他講電話時，我也絕對不能一邊看著我的電子郵件（好沒禮貌！但我常常這樣）。

・**看見他的付出！**平常研究去哪裡度假、在紐約市周邊尋找值得探訪的有趣地點，或買票帶小孩去看音樂會、馬戲團、各種表演，這類事都是詹米在做。過去多年來，我總把這些視為理所當然，但現在，我要告訴他我有多麼感謝他的這些規畫。

我擬出上述這些重點，然後**設法**遵守；雖然常常失敗，但我還是努力嘗試。詹米偶爾還是會說：「拜託不要給我臉色看！」但我真的改善很多。

這個決心，也讓我更留意詹米的優點：他的寬容和慷慨。他不可思議的淵博知識——從嘻哈音樂到沒什麼名氣的政治人物。他準確無誤的判斷力。他擅長記住別人名字、臉、背景的超能力。他跟難搞人物培養交情的能力。他的領導才能。他從不動搖的冷靜、他的幽默感，以及面對難題時的足智多謀。還有他總是樂意停下來吃個點心。

以上我對詹米這種英雄式的描述，可能感覺上很不真實。還記得在我們婚禮彩排的祝酒致詞時，我妹妹伊麗莎白說：「詹米已經變成我人生中很重要的一部分，」接下來這段話引起眾人大笑，「雖然我不像葛瑞琴把他當成……奧迪賽那種史詩英雄，但我的確很愛他。」我真心認為詹米身上有那種史詩英雄特質，就算我有點把他太理想化，但這也正是我們婚姻穩固的證明。研究顯示，快樂的伴侶比較會把對方理想化，而由於抱著這些正面看法，他們就能幫助彼此實現這些理想，這就是所謂的「米開朗基羅效應」（Michelangelo effect，因為米開朗基羅用大理石雕出了美好的人物）：當伴侶間認為對方是絕佳人物時，他們就能協助彼此達到完美。

另外，我和老公倒是都不會有那種非常糟的習慣：翻白眼。這個看似不起眼的常見動作，其實殺傷力非常大，也是感情出問題最明顯的跡象之一。即便你在翻白眼時臉上帶著笑容，這還是一種輕蔑的表示，意味著想讓對方難看，但也因此惹來麻煩。我擺的臉色雖然很難看，但幸好其中並不包括翻白眼。

講正面論點，不要放大自己的功勞

我深愛詹米，但有時我卻陷入了苛責他的惡性循環中。我跟他講話時，如果他不回應，會搞得我很火大，因而聯想到他沒寄出一份重要的表格，以及其他事等等。

我發現了一個對付這種傾向的絕佳技巧。這是一種心理學所謂「辯證式推理」（argumentative reasoning）現象的結果，指的是人們很精於辯駁一件特定的事。當一個人採取了某個立場，就會尋找支持的證據，然後很滿意的就此打住。這種心理過程會給我們一個假象，以為這個立場是客觀且公正的。然而重點是，如果採取**相反的**立場，我們同樣可以輕易地提出論據。如果我告訴自己「我很害羞」，我就會列出自己害羞的種種例證；但如果我告訴自己「我很外向」，我同樣能想起自己以往外向的例子。兩種論點，我都能論辯得很有說服力。

為了運用這種現象，我決心「提出正面的論點」，結果證明相當有用。

當我發現自己在想著「詹米不太體貼」，而且心裡開始列出他不體貼的證據時，我就會向自己提出反對意見：「詹米其實非常體貼」——結果我就有辦法想出很多他體貼行為的例證。從「詹米不喜歡慶祝節日」，到「詹米其實很喜歡慶祝節日」，我可以感覺到自己想法的轉變，簡直是太神奇了。

這個效應也有助於解釋，為什麼快樂的人傾向於活在比較快樂的氣氛中。如果我提出正面的陳述，可能就有助於說服自己和他人採取正面的觀點。如果我提出負面陳述，就會說服自己和他人採取負面觀點。例如，如果我說：「哇，我們今天做了好多家事。」就會促使詹米和我想著我們確實做完了很多事。

「提出正面論點」也有助於我修正「不自覺地放大自己的功勞」。這個說法是指，伴侶的任何一方，都會不自覺地高估自己的貢獻或技巧。根據研究，當妻子和丈夫各自估計自己做了多少百分比的家事時，兩人的估計值加起來會超過一二〇%。一旦我開始嘀咕：「詹米沒幫忙規畫旅行。」我就會在心裡跟自己爭辯：「詹米其實有幫到忙。」然後我就會明白，這是真的。

學會自己開車，選擇更寬廣的人生

每對已婚夫婦都會分攤某些責任，或是共同承擔某些責任。在很大的程度上，婚姻的和諧與否，主要是看配偶是否認為彼此的分工很公平。

在我的婚姻裡，有個責任我認為自己該分攤，但其實卻完全交給詹米——那就是開車的責任。

從青少年開始，我就一直很怕開車。我在堪薩斯城長大，十五歲開始跟著我爸學開車，但始終都很不喜歡（我永遠忘不了那一天，我頭一次開著車恐慌地繞過梅耶圓環，我爸一直冷靜地講話安撫我）。我一直拖著不去考駕照，直到滿十六歲後的好幾個月——對於中西部的人來說，實在太晚了。我住在密蘇里州和華府時，雖然每天都開車，但總是很緊張。搬到紐約市後，我就幾乎完全放棄開車了。事實上，住在這裡最讓我喜歡的一點，就是公共交通很便捷。在紐約市，有車是很奢侈的事，所以我們很幸運，但我卻把開車的責任全都推給了詹米。

我妹妹伊麗莎白也一樣。她住在堪薩斯城時都會開車，但搬到紐約市上哥倫比亞大學後，她就幾乎放棄開車了。即使後來她搬到汽車文化聞名的洛杉磯，還是設法搭便車搭了整整三年，才開始自己開車。

我不是特別膽小的人。我不怕搭飛機，也不會在包包裡頭放抗菌洗手液。我不會擔心小孩被綁架。九一一事件後我照樣搭地鐵，根本沒多想。可是**開車！**有時我用統計數字為自己的恐懼找理由：害怕開車要比害怕恐怖分子來得實際多了。但雖然我的論據有道理，卻不是個擺脫恐懼的好辦法。

我已經適應了自己開車的恐懼，但我知道這限制了我的自由和可能性。有回全家度假，詹米和我在鄉間租了一棟小房子，結果我一直在擔心，要是我們在那邊度假時，詹米出了什麼狀況，我該怎麼辦？我不時做噩夢，想到萬一哪個女兒出了意外，但我不能跳上車趕去救她——或者夢到詹米和我在一個不熟悉的地方，結果他生病了，但我不能載他去醫院。

儘管我對開車的恐懼是很個人的，但感覺上卻對我的婚姻造成了壓力，因為這讓詹米的責任太沉重了。每回我們開車出門，就算他很睏，或是必須接一個重要的電話，他還是要負責開車。但他從來不抱怨，這點真的很了不起；他也從來不會指責我膽小或不盡責。少數幾次我真的開車時，他都會鼓勵我，提醒說我是個很棒的好駕駛。這也的確沒錯。

這種對開車的恐懼已經持續多年，但是在大部分人都不開車的紐約，並不是個急迫的問題。要不是因為莎拉，我可能永遠不會去處理。

莎拉是一個好友的妹妹。總之，她聽說我很怕開車，忽然就寄了一個包裹給我。裡頭是一本時裝界名人艾美・科林斯（Amy Fine Collins）的回憶錄《駕駛之神》（*The God of Driving*），談她如何在教練阿提拉・古梭（Attila Gusso）的指導下，克服了對開車的恐懼。書裡面附了一封信：

葛瑞琴：

我覺得你可能會發現這本回憶錄很有趣。這個故事是我自己的「快樂生活提案」的關鍵要素之一。

知道有位超級能幹、獨立、野心十足的名人也跟我一樣，多年來飽受害怕開車的困擾，真是令人安慰。而且閱讀她如何克服這個恐懼，歷經無數尷尬的挫折，又覺得很有啟發性。後來我發現書中談到的那位駕駛教練，就在我們家街角開了一家駕訓班，我馬上領悟到：這是天意。接著我花了好幾個月的時間，也碰到許多挫折，但我真的達到了目的。過去兩個月，我都勇敢無畏地開車趴趴走，行駛在南方的高速公路上、到機場接親友等等。這個成就至今還讓我興奮不已。我感覺到的那種光榮和獨立，勝過跑完馬拉松，甚至比大學畢業還開心。

期望看到你的「快樂生活提案」更新。

祝福你們全家！

莎拉

我最喜歡的一句禪宗格言是：「當弟子準備好，老師就會出現。」不過在學開車這件事情上，老師倒是在我準備好之前早早就出現了。莎拉從恐懼到快樂和自由的描述，促使我終於採取了行動。

當我不情願去冒風險或面對某種不舒適的狀況，我會問自己多年來所歸納出的「五個重大問題」，以幫助自己做出困難的決定：

我在等什麼？

如果不害怕的話，我會怎麼做？

哪些步驟可以讓事情更簡單？

如果我有無限的時間和金錢，我會怎麼做？

如果五年後我回頭來看這個決定，我會希望自己怎麼做？

有個朋友幫我介紹了很棒的駕駛教練，就在我們家附近。我眼前的生活沒有什麼重大的焦慮來源，我真的很希望自己不怕開車。那我還在等什麼？沒有。想到要上駕駛課我就很害怕，但克服這個恐懼可以給我更多自由，也能讓我的婚姻更為堅牢。快樂本身不見得總能讓我**感到**快樂。當我不情願地掙扎著是否該把「去上駕駛課」的決心列入清單時，我明白「五個重大問題」其實可以用一句警語取代：**選擇更寬廣的人生**。願意開車可以擴大我的人生。於是我寫了一封信給莎拉：

嗨莎拉！

拖了好久，我已經準備好要對付我的開車恐懼症了。你寄給我那本書真是太好心了，我拖了很久都沒謝你，只因為我自己荒謬的內心戲。「當弟子準備好，老師就會出現。」而你在我準備好的前一年就出現了。

謝謝你的鼓勵！記著你的例子，才讓我拖到現在仍能採取行動。吻你。

葛瑞琴

莎拉立刻就回信了，給了我資料和一些有用的建議。我做了個深呼吸，然後預約去上駕駛課。終於，我邁出了第一步。

我下定決心去上第一堂課。我把那天安排好，沒有其他煩擾或太累的事情；我再三檢查自己的背包，好確定帶了駕照、太陽眼鏡，還有一件針織外套。這堂課會真的讓我開車，或只是談開車呢？或許這只是一堂入門介紹課，不會真的要我上路。最少，我期望教練會開車載我到紐約市某個比較荒涼的地方，才讓我真正坐上駕駛座。

才不呢。我一走近教練阿提拉的車，他立刻下車自我介紹，跟我握手，然後指著駕駛座要我上去。調整過後視鏡、溫習過一些上路的基本原則之後，我就開著車行駛在紐約市中心的萊辛頓大道（Lexington Avenue）上。我必須一邊開車、一邊熟悉阿提拉教練，這真的是超過了我的負荷。

結果阿提拉教練非常和藹可親，他有土耳其口音，而且舉止讓人覺得他什麼大風大浪都見過。很快的，我就覺得自己更安心了。「我猜想你有兩種學生，」我說。「大部分是不會開車的，少數是怕開車的。我會開車，但我很怕。這點是我想克服的。」

「沒錯，」阿提拉教練回答。「你有開車的技巧，你會開車，但是我可以教你怎麼成為一個更好、更警覺、更有**信心**的駕駛人。下回，請你開著自己的車子來上課，這樣就能更自在了。」

去上駕駛課讓我明白，我的一大問題就是對於開車的各方面都很不熟悉。我很怕開車，沒錯，但我的很多不安，其實是源自無知。因為我太少開車了，所以我對家裡那輛車很不習慣，包括規格、操作，或是如何打開除霜裝置。另外，我也認不得紐約市的路，因為我從不開車，不曉得要怎麼去華盛頓大橋或中城隧道。我不會用ＧＰＳ。甚至，我竟不太確定該怎麼打開油箱！那是在車子右邊還是左邊呢？

在生活的每個領域，我都不喜歡不確定或不熟悉的感覺。我喜歡**支配**。種種有關開車的陌生小事，雖然本身並不費力，卻讓我笨拙和焦慮的感覺更加惡化。

這個駕駛課迫使我去重新熟悉有關開車的種種瑣事。儀表板上的神祕符號我一個也不懂，所以我逼自己去「閱讀說明書」（然後，因為種種細節搞得我很洩氣，我決定不必搞清楚如何調整雨刷速度了）。我拜託詹米教我如何在ＧＰＳ裡頭輸入地址。我去加油站加油。開車這事有很多我可以自己做，不必去上課——但如果不上課，我就不會去做。我需要一個外在的推力，幫助我進步。

從莎拉和那本回憶錄的介紹，我原本希望阿提拉是個奇人異士。為什麼？因為如果他有某種古怪的超能力，或者神奇的技巧，我就解脫了。只要他施展魔法，我就會神奇地變成一個喜歡開車的人。但結果，唉，並沒有。他是個能幹的駕駛教練，但我還是得靠自己去克服對開車的恐懼。

上了幾堂課之後，我的確開始覺得比較自在，也真的開始開車出門。我開車到哈林區的一家店，開到蘭道島（Randdall's Island），還開到威徹斯特郡（Westcherster）。我很高興自己開車了，也很高興能分攤詹米開車的責任。但我依然不是一個快樂的駕駛人。然後我的一個朋友說了句很有幫助的話：「你可能永遠也不會**喜歡**開車，」她說，「但這跟**害怕**開車是不一樣的。」

真是一語驚醒夢中人，我本來以為上了駕駛課，就能幫助我享受開車的樂趣。但或許，我天生就不喜歡開車，我只需要會開車就夠了。開車不會讓我更快樂，但成功克服恐懼，倒是讓我非常快樂。

婚姻中的氣氛，其實掌握在你手上

萬聖節接近了，這意味著：又到了布置家裡的時候了，我感覺到內心那種熟悉的天人交戰又回來了。一部分的我想簡化生活、不布置，不去碰那一箱裝飾品。我母親曾把她收藏的紙黏土南瓜燈送給我，我得從地下室的儲藏處拿出來，還要把歷年來兩個女兒拍的萬聖節照片拿出來陳列，另外，當然，還要買個大南瓜回來雕刻——真的很累人。但其實我也知道，當我花時間去做計畫、當我努力為過節而準備，我會更快樂。於是，一如往常，一旦布置完成，我又很享受家裡那種歡慶的氣氛了。

我很努力遵守十月有關婚姻的決心，也有了些成果，但我還是很氣餒自己常常打破決心。比方有天晚上，艾麗諾上床睡覺後，又很不尋常地老是爬起來：「我要喝水。」「我從床上掉下來。」「我想到一件事好難過。」剛開始，我還算有耐心，接著第二次、第三次。我跟詹米說，我得在書房忙，如果艾麗諾又爬起來，請他去安撫。

幾分鐘後，正當我專心處理著工作時，背後的房門打開。「我睡不著！」艾麗諾哭著走進來。我耐住性子哄她回床上睡覺，然後氣沖沖回臥室找詹米算帳。

「**你很忙齁！**」我挖苦地說。「你說會照顧艾麗諾的，結果還是由我把她送回床上。我今天晚上有一些工作要完成，但現在都九點半了！」我沒等他回答，就氣沖沖出去了。

回到電腦前，我氣呼呼瞪著螢幕。我氣詹米，也氣自己。我溫柔地說出意見了嗎？沒有。我有保持愉快的心情嗎？沒有。嗯，幸好我沒翻白眼。

一個星期六早晨，伊萊莎去參加朋友的保齡球生日派對，於是詹米和我帶著艾麗諾去中央公園的遊樂場——但詹米似乎心不在焉。

「你辦公室有事嗎？」這回我提醒自己要改變態度。

「算是吧。你介意嗎？」他問。

「不，你去吧。我們會在這裡待一陣子。」

「如果你們要去別的地方，再傳簡訊給我，好嗎？好讓我知道你們的狀況。」

艾麗諾和我分別吻別了詹米，然後艾麗諾跑回去玩。艾麗諾有一種很了不起的能力，每當碰到她覺得看似有趣又友善的人，她會守在旁邊觀察，然後等著恰當時機上前去結識。現在她就在一座噴泉旁邊守著，看著另一個小女孩在玩。過了幾分鐘，那個小女孩開口了。

「要不要做朋友？」那女孩問，她比艾麗諾只大一歲。

「好啊！」

「我叫卡若蘭。」

「我叫艾麗諾。」

她們開始玩起潑水。我拍了張照片，傳電子郵件給詹米：「艾麗諾交了個新朋友。可愛極了！」

幾秒後，詹米回訊：「我要看更多照片！」

如果先前詹米跟我說想去公司時，我告訴他：「不准！今天是星期六！」我只是在害他更為難，而他無論如何還是會去。如果我說：「要是你現在去公司，那明天下午就換我要工作兩個小時。」那麼我就成了一個斤斤計較的小氣鬼。結果，我愉快地和詹米互動，避免了一場不愉快的口角。我表現出自己理想的行為，也掌握了婚姻中的氣氛。

光是愛還不夠，我們還得拿出證明。

| 11 月 |

今天，正是美好的往日時光

快樂父親與快樂母親

不冒險，就不可能贏大獎，而人生中最大的獎，都是跟家有關的。
——老羅斯福總統（Theodore Roosevelt）《自傳》

✡ 對問題降低反應
✡ 參與家人的興趣
✡ 每星期一起去探險
✡ 給予溫暖的問候和道別

被問到自己對孩子的期待時，很多人都會說：「我希望孩子快樂。」

快樂的小孩，的確比較開心，也比較容易與其他小孩建立更友善的關係，創造力較佳，而且成人後有較高的工作滿足感、較強的社交關係，也比較不會有情緒問題。（雖然令人意外的是，劍橋大學的研究發現童年快樂的人，長大後比較容易離婚——但研究者不確定原因是什麼。）

對我來說，女兒的快樂深深影響我的快

樂。我**希望**她們有快樂的人生，但我無法**給予**她們快樂的人生，她們得靠自己摸索出快樂的方法才行，我只能希望自己能盡量有好的影響。

十一歲的伊萊莎樂觀、熱情，充滿創意。她三歲就自己學會識字（當時詹米和我都嚇了一跳），從此就閱讀不斷。她也喜歡音樂和電影，另外我覺得她很高興有個五歲的妹妹，讓她有藉口玩 Uno 遊戲。她會花好幾個小時拍攝照片和影片，大部分是拍她自己。她尤其對有關廣告的事感興趣，常常會為各種想像中的產品製作宣傳活動，甚至包括廣告文案。伊萊莎個性沉穩，事實上，多年來我已經學會巧妙對付她的任何抱怨，因為她碰到不滿意的狀況，常常能忍受得比我期望的久。她剛開始會對詹米和我感到難為情。

五歲的艾麗諾很容易開心，也很容易就挫折大哭。她喜歡交際又好奇，習慣跟她根本不認得的小孩講話，而且能輕易融入大人的交談中。她就快要可以閱讀了，我相信往後閱讀能帶給她很大的愉悅。她常常要求大人念書給她聽，而且每天早晚都會聽有聲書。或許也因為這個緣故，她的表達能力特別好（尤其碰到不高興的時候），而且用字範圍很廣，只是偶爾不太準確。她喜歡畫畫，畫人時一定會在膝蓋和手肘處加上圈圈——這是她特有的細節。她一個人也能玩得很樂，會在公寓裡面喋喋不休、跑來跑去，忙著看不見的事。她很努力跟上姊姊的興趣。儘管姊妹差了六歲，但兩個常常玩在一起。

我想起自己的童年。

小時候，我爸媽從來不容許我們嘲弄、辱罵，或是輕蔑的刻薄取笑別人，就連開玩笑都不行。那時候的我，自以為這是種幽默與機智，對爸媽這一點很不爽，但現在回想起來，我終於懂了爸媽這個方法，造就了一種非常快樂的氣氛。取笑所帶來的負面效果，往往超過一般人的想像。心理學者大衛．唐寧（David Dunning）在其著作《自我理解》（*Self-Insight*）中指出，取笑的人往往不曉得別人會對他們的取笑有什麼感覺。儘管他們自認是在表達一種親切和幽默，但其實別人覺得這些取笑刻薄且惹人厭。

沒錯，有些技巧高明的人會利用取笑去讚美他人，或是拉近彼此距離，或是用來開啟一個難以啟齒的話題（詹米很擅長利用取笑，去化解難堪的場面）。但我更常看到的是不喜歡被取笑的人。我開的玩笑是否好笑，得看對方覺不覺得好笑；而我的玩笑是否友善，也得看被取笑的對象是否覺得友善。有回我聽到一個母親跟她女兒說：「嘿，梅西，你要不要梳一下你頭上的老鼠窩啊？」她顯然認為這樣講很好玩，但如果我媽這樣跟我講，我會非常傷心。

我想成為一個快樂、關愛孩子的母親，而且我知道，這樣可以讓伊萊莎和艾麗諾更快樂。我擬出了四項決心，前兩項（「對問題降低反應」和「參與家人的興趣」）會提醒我要保持冷靜和投入。其次，因為我很喜歡清早和艾麗諾的獨處時光，我決定要跟伊萊莎「每週一起去探險」，以確定我也在她身上花相同的時間。另外，我知道我們對彼此所表現的**行為**，會形成我們對彼此的**感覺**，於是破天荒的，我提出的這個決心不光是自己要遵守，所有家庭成員也都得遵守：「給予溫暖的問候和道別。」

孩子的感受，來自你的言談舉止

我們常以為，有什麼樣的**感覺**，就會有什麼樣的**行為**，但其實，我們往往是先有什麼樣的**行為**，才會有什麼樣的**感覺**。因此，我的個人守則之一，是先「表現出想要的感覺」，而且我發現，這種「假裝久了也會成真」的策略，非常有效——如果我希望自己不焦慮，我會裝作很輕鬆愉快；如果我希望充滿元氣，我會走得輕快一點。

我採用了一位讀者的建議。她從一艘南極探險船上寫信給我，說他們的探險隊長要他們「對問題降低反應」：不是忽略或低估問題，只是**降低反應**。比起南極探險船上的狀況，我想，家裡的問題當然更應該降低反應。

所謂「降低對問題的反應」，就是要表現得平靜不慌張，有助於我培養一種冷靜的態度。「冷靜」的態度與「對問題降低反應」讓我想到英國人，就像前英國首相邱吉爾在一九四〇年被問到：「如果英國遭到入侵，怎麼辦？」他的回答是：「處理德國人入侵不列顛島的方法，我的技術顧問團說：盡量讓他們在渡海時淹死，然後把剩下爬上岸的人打死。」

沒多久，我就有機會來檢驗自己「降低對問題反應」的能力。當時的我，對開車還是很焦慮，有一天下午我載伊莱莎出門，轉錯了一個彎，於是就在布朗克斯區迷路了。路上塞滿了車子、行人，還有令人困惑的路標，頭頂上的鐵軌讓我的心更慌亂。要怎麼開回家？一股恐慌襲來，我完全迷失方向，每多開一分鐘，就離我們家愈遠。

「我們迷路了嗎？」伊莱莎問。

她的語氣聽起來超平靜，也讓我安心了點。

「嗯，或許有一點吧。」我輕描淡寫地回答。要「降低反應」，我告訴自己。

「收音機可以轉台嗎？」

「不行！」我回答：「ㄟ，乾脆關掉吧！我現在需要專心。」

「要不要我把路標念給你聽？」

「要！太棒了。你看得見路標嗎？」

且慢，我突然想到，可以打電話給老公——我不曉得他能做什麼，只是想聽到他的聲音。

「親愛的，別擔心，」他聽完我的情況後說：「別慌，你聽起來很冷靜，你覺得自己冷靜嗎？」

「還可以。」

「你知道你在什麼地方嗎？」

「呃，不太清楚。」

「啊，其實我幫不上忙，你找個人問問，怎麼開到三區大橋。」

「對了對了，那條大橋！」我鬆了一口大氣：「我知道怎麼走了！祝我們好運吧！」

伊萊莎和我繼續前進。我承認，自己的反應降得還不夠低，但還好，也沒有恐慌得昏頭。我設法用輕鬆的語氣跟伊萊莎講話，又深呼吸。我停下車，向人行道上的一個女人詢問三區大橋的方向。然後開了幾條街區，在一個加油站停下來跟一名男子問路。我變得冷靜些之後，迷路的問題似乎就比較不那麼可怕了，最後我們也總算找到回家的路。

生氣有什麼用？算了，開個玩笑吧！

我發現，對家裡的小意外「降低反應」，會讓問題更好處理。畢竟，很多問題可大可小，就看你怎麼反應。有一回，伊萊莎衝進廚房說：「我不是故意的，是意外……我想自己擦乾淨，現在已經好多了……但是，唔，紫色指甲油流到地毯上了……它從架子上掉下來，蓋子沒蓋好……」我沒有當下跳起來大吼：「**為什麼**會有沒蓋好的指甲油放在架子上？」或是：「你都十一歲了！難道不曉得碰到指甲油要很小心嗎？」或是「我們家怎麼會有**紫色**指甲油？」

我只是平靜的走到她房間，叫她上網去查清除指甲油的方法，然後找到污漬處，又花了幾分鐘用去光水清除。「繼續擦吧。」我把抹布遞給她：「看起來沒那麼嚴重。」她鬆了口氣，我也省了一頓無謂的脾氣——指甲油都流出來了，吼也沒用。

另一個降低反應的最有效方法，就是：開個玩笑。我一再發現，當你強迫自己「表現出」輕鬆愉快，你真的會感覺到輕鬆愉快。

我知道，要做到很難，因為當我覺得心煩時，幽默感也會離我而去。有個星期日，兩個女兒互相找對方麻煩，想盡辦法要激怒對方。「我好高興我有了新枕頭，」艾麗諾故意說：「可惜你沒有，伊萊莎。」「嗯，**可惜**你得這麼早去睡覺，不能跟我玩。」伊萊莎咯咯笑著說。然後兩個人開始吵起來。

我當時心情特別好，所以沒喝斥她們，只是說：「聽著，我要訂條新規則！『不准故意挑釁！』」她們突然不再吵了，艾麗諾一臉好奇：「挑釁是什麼？是什麼意思？」

「挑釁就是你故意說一些話去惹別人。」

「我才沒有！」伊萊莎說：「我只是……」

「然後，」我打斷她：「我們以後要說：不准ＤＰ！」*

這下，兩人開始討論ＤＰ是什麼？如果ＤＰ會怎樣？壓根忘了吵架這回事。光是創造ＤＰ這個無俚頭的英文縮寫，似乎就有助於她們兩個停止ＤＰ了。

在《輕佻效應》（*The Levity Effect*）一書中，作者高斯蒂克（Adrian Gostick）和克里斯多佛（Scott Christopher）指出，「輕佻」是一個很有效的工具，可以協助人們相處得更好；幽默有助於人們提高注意力、紓解緊張，同時加強聯繫感。

我第一次看到這個說法時，心想：算了，看來這招我是派不上用場了，因為就算我努力想開玩笑，通常也很少會讓人覺得好笑。但顯然我錯了，表現輕佻的重點，不在於搞笑的能力，而是要你「抱著樂觀心態」，去發現生活中好笑的那一面——尤其是遇上棘手問題時。

儘管我很努力，卻未必每次都能做到。有回詹米說，他會去參加伊萊莎的家長會，我事先還提醒了他三次，但結果事到臨頭他居然告訴我無法出席；某個星期三，直到晚上，伊萊莎才告訴我她有份星期一要交的作業，需要準備一堆奇怪的特殊材料；有時一個電腦小故障，會害我整整兩天沒法工作。但平心而論，我知道這些都是小事，而且通常當你會被這種小問題困擾，意味著你的人生過得還滿好的——就像那句老話，這些都算是「好的」麻煩。

分享自己的喜好，參與家人的興趣

托爾斯泰（Leo Tolstoy）在《復活》（*Resurrection*）一書中所描寫的英雄角色納巴托夫，

*編按：DP是故意挑釁（deliberate provocation）的英文縮寫。

讓我印象深刻：

他勤懇、觀察力敏銳、做事俐落，天生就很能自我克制，從容有禮，不但體貼別人，也很尊重他人的意見。他的寡母不識字，是個迷信的老農婦，納巴托夫一直照顧她，一有空就去探望。當他回家時，會參與母親生活中的所有興趣，幫她做事，而且持續和以前的玩伴保持聯絡。

引起我注意的是：納巴托夫「會參與母親生活中的所有興趣」。好相處的人——無論是跟家人、朋友，或是在辦公室——都會努力參與別人生活中的興趣。可想而知，會吸引老母親興趣的事物，納巴托夫不會太有興趣。對於如何在影片上增加特殊效果，我沒有多大興趣，但伊萊莎卻興致很高。詹米對於聖女小德蘭不感興趣，我也沒興趣搞清楚紐約市最好吃的漢堡哪裡買。不光如此，我們還常常會想批判別人的興趣。我想把詹米老在咬的那些塑膠筆套都給扔掉，而詹米則希望我不要老是大費周章地拍照。

所有孩子都渴望被認真對待。我還記得我小學三年級，母親開車帶我去圖書館，我在車上熱切地描述一本書的內容。母親說：「這本書先不要還，如果那麼好看，等我看過了再還。」我當時好開心，母親竟然因為**我的**推薦，要讀一本書耶！

我想參與別人的興趣，但又不想太矯情。「我根本不看美式足球，所以如果我跟詹米問起噴射機隊（Jets，紐約職業美式足球隊），不是很假嗎？」我心想。「快樂不就是要真誠嗎？如果我並不是真的有興趣，我該假裝嗎？」於是，我把自己的目標修正為：「（適當地）參與別人的興趣」，然後我發現，通常可以找到一個方式來真誠地表達關心。例如我會看幾分鐘《海綿寶寶》，然後問一個跟劇情有關的問題。

我也發現，當我參與別人的興趣時，我的個人守則之一「表現出我想要的感覺」也發揮了慣常的神奇效果。例如我不那麼愛好音樂，任何類型都不例外，但伊萊莎和艾麗諾熱愛流行音樂，所以我會花時間聽那些歌，然後問她們：「這是誰唱的？」於是，我開始能從音樂中獲得樂趣了。

我再度想到聖女小德蘭的話：「光是愛還不夠，我們還得拿出證明。」在我的日常生活中，要證明我的愛，一個實際方法就是犧牲自己的方便，把時間、注意力獻給我所愛的人。詹米看轉播球賽第十次高喊「快來看，快來看！」時，我是否放下手邊的書去看？他要我去拿個東西或送個東西，或照看一下什麼，或重新安排日程時，我是否開心地答應？看到有什麼錯誤，我是不是忍下想嘮叨、批評或抱怨的衝動？

答案是：不是很常，我還沒擺脫斤斤計較的習慣。「我已經幫你跑了一趟藥妝店，現在該你幫我看看印表機為什麼不能用了。」「我已經多念一頁書給你聽了，所以你該乖乖睡覺，不要再鬧了。」我想慷慨表現出我的愛，而不是老在計較。

每個星期，帶著孩子去探一次險

兄弟姊妹間常見的衝突原因之一，就是爭取父母的關注。

雖然伊莱莎和艾麗諾相差六歲，卻很難得地相處得非常好。每年夏天，伊莱莎和艾麗諾會分別去我堪薩斯的娘家，各自跟我父母住一個星期；學期中，我婆婆每星期會分別去接一個女兒一次。接下來，我希望能有機會單獨和每個女兒相處，從事她們喜歡的活動，談談她們感興趣的話題——不受另一個姊妹的干擾。

伊莱莎現在都自己走路去上學，而且早早就出門，所以每天早上我和艾麗諾都有時間相處。我們會吃完早餐、換衣服，然後緩緩走漫長的那段路去學校。另外，每天睡前，我都會在床邊讀故事書給她聽。

至於伊萊莎？每天晚上她睡覺前，我會陪她躺個十分鐘或十五分鐘聊天。這是個重要的儀式，但我想每星期抽出一段更長的時間，單獨跟她相處。我正在想這個問題時，一個朋友跟我提起她家一個很棒的傳統：每個星期三下午，她會去學校接小孩，然後進行某種「紐約市區探險」。他們輪流指定那個下午的活動（我朋友最近提議要去參觀一家蝴蝶脆餅工廠），並在五點半以前回家，以便做功課、吃晚餐。一聽到這個點子，我就決心模仿了，我立刻就能想出好幾個地方，跟伊萊莎一起去一定很好玩。

不過對我來說，要放棄每個星期三下午寶貴的工作時間實在很可惜，因為我總是想要**工作**。我希望有更多時間思考、閱讀、寫作——或至少回覆幾封電子郵件。我總是想守著我的筆記型電腦。但我知道如果把這些時間花在跟伊萊莎一起探險，而不是花在工作上，幾年後回顧起來，這幾個小時會更加珍貴而有意義。

我的第三條快樂真理是：**一天感覺很長，但一年卻很短**。在伊萊莎的生活中，髮帶、《綠野仙蹤》、兒歌、糖果，已經被太陽眼鏡、《飢餓遊戲》、iTunes、海苔取代了。**現在**

就是跟伊萊莎共度星期三下午的時機。她快要進入青春期了，我希望每個星期能跟她共度安靜、快樂的幾個小時，不必趕時間，不必匆忙處理一堆待辦事項。如果我們決定了每個星期三下午放學後去探險，這件事就會列到行程表上——就像跟出版社編輯開會一樣，是神聖不可侵犯的。我很幸運，工作時間頗有彈性，而彈性就該這樣利用。

我把這個「每星期三探險」的點子告訴伊萊莎，她反應熱烈。「去**任何地方**都可以嗎？」她問。

「當然可以。但如果你覺得我們不認得路，可以先把地圖印出來，或者先問你爸。我們放學後就直接去。」

「可以去曼哈頓以外的地方嗎？」

「沒問題，只要六點前到家就行。」

「我可以選擇……去看電影嗎？」

「可以，只要我們能六點前到家。」

「我可以挑一家**商店**嗎？」

「我沒答應要買東西給你喔，但如果你想去一家店逛逛，沒問題，我們可以去。」

「好！」

我在日誌上，把接下來幾個月星期三的那一格都填上「三點十五分：伊萊莎，探險」。

第一個探險地點由伊萊莎先挑，她選了時報廣場上的杜莎夫人蠟像館（Madame Tussauds）；接著我挑了亞洲協會，然後伊萊莎挑了「信不信由你！」博物館（Ripley's Believe It or Not! 我幫她在那些縮小的頭顱間拍了一張照）。伊萊莎喜歡影片和廣告片，於是我挑了「電視與廣播博物館」，本來以為那裡會播放經典的老廣告片，結果沒有，我們只看了「週六夜現場」（*Saturday Night Live*）的經典片段；接著她挑選去「塗鴉出版」（Scribble Press）的紐約工作室，在那裡列印了一套她自己手繪的賀卡；我挑了大都會博物館的蒂芬妮展廳，去看我很愛的彩繪玻璃窗作品《秋日風景》（*Autumn Landscape*）和《花園風景與噴泉》（*Garden Landscape and Fountain*）。

有天下午，伊萊莎挑了布魯明岱爾百貨公司（Bloomingdale's），「啊，我喜歡店裡的這個氣味。」我們走進玻璃門時，她吸了口氣說。她喜歡百貨公司裡眼花撩亂的商品，雖然我絕對不會沒事逛百貨公司，但看著伊萊莎這麼開心地逛，也自有一種趣味。我原先告訴她不能買東西，但後來還是心軟，買了一條項鍊給她。

「這是個**紀念品**，」我告訴她：「我買給你，好讓你留著一個珍貴的東西，一輩子都能回想起我們的星期三探險。懂嗎？」

「懂，」她起勁點著頭：「它會永遠提醒我的。」

「挑好你想要的嗎？」

「挑好了！」她舉起來。「你看，跟我很搭，是一朵雛菊。」伊萊莎一直說雛菊——典型的法國菊，白色的花瓣環繞著黃色的花心——是她的象徵。「很漂亮，」我讚賞著說：「每回你戴上的時候，就會想起我們共度的下午。」

就這樣過了兩、三個月，我對於老是去博物館有點覺得不好意思。我都說這是每週「探險」了，但其實行程並不特別富有冒險精神。我們是不是應該去布朗克斯動物園，或是搭渡輪到史塔登島（Staten Island），或是去布魯克林品嘗當地人手工自製的醃黃瓜？

不過我後來明白了：其實去哪並不重要。在忙亂、行程滿檔的一個星期中間，我們都很樂於在一個平和、安靜、美麗，而且離家不遠的地方共度。事實上，有一個濕冷的星期三下午，我們就決定留在家裡，泡熱巧克力，一起搭我們蓋到一半的樂高城堡。有時，在家裡探險就夠了。

溫暖的迎接，溫暖的道別

幾個月前，我正在規畫這個快樂生活提案時，跟一個朋友吃午餐，她聽到我針對每個月都擬定不同的決心，非常感興趣。

「針對親子關係，我有個很棒的點子。」她提議。「每天晚上，我們一家人都會聚在一起，每個人寫下一件當天所發生的好事。這樣可以讓我們更加感恩和用心。」

「沒錯。」我說，設法講得熱切些。無數的快樂專家都提出過這類建議，但我之前都不想試。為什麼不試試看呢？然後我忽然想到，我的每個決心事項都是自己可以做的行動，沒有涵蓋其他人。這樣的方式不對嗎？我是不是錯失了一個讓家人更親近的機會？

思考過之後，我的結論是：並不會。把焦點集中在**別人**該做什麼，的確很有吸引力。但是，就像第六條快樂真理所表明的，我改變不了別人，只能改變我自己。我可以預料，如果我要求家人跟著我下決心，寫下每天的快樂回憶，我就會發現自己老在念叨著他們要堅守決心，這絕對**不是**通往快樂的途徑。

總之，我決定要破例，不再只要求自己。我要提出一個讓全家人都遵守的決心：「溫暖的迎接和道別。」

兩個女兒還小的時候，每回詹米或我一進門，她們都會熱情迎接；我們只要出門，兩人也會哭得慘兮兮。但現在，她們根本懶得抬起頭來看一眼。我們終於看到她們不再有分離焦慮，但也有點悵然。至於我和詹米，也常常沒有給其他家人溫暖的迎接或道別。

我很高興自己下決心，要跟詹米進行「早晨親吻，夜晚親吻」。現在，我想更加強這個決心。我希望每個家庭成員出門或進門時，都覺得有被注意到、受到歡迎。有個星期天早上，我們全家一起吃煎餅時，我問大家：「如果要你提出一個全家人共同遵守的決心，那會是什麼？」

詹米毫不猶豫地回答：「一切都由詹米作主，其他人負責整理家裡和打雜。」

「想得美，」我說：「下一位。」

伊莱莎說：「一星期七天，每天早上吃不同的早餐，有時吃蛋，有時煎餅，不要老是穀物片或吐司麵包夾花生醬。」

「沒問題！」我驚訝地說：「我都不知道你還想吃別的。」我轉向艾麗諾：「你呢？有什麼建議嗎？」

「我希望每個人看到我都大力擁抱，大力親一下。另外，我希望可以隨時去買玩具。」

「唔，」我說：「我的想法跟艾麗諾的第一個建議很像。我希望訂一個規矩，家裡有人出門或回家時，大家要把注意力集中在他身上一會兒，我們要互相給予溫暖的迎接和道別。」

「為什麼？」伊萊莎問。

「這可以讓我們對家人表現出更多的關愛。我知道我有時候有事情在忙，也很難打斷，但我覺得該改一改。」

艾麗諾不是很高興：「那如果我玩遊戲玩到一半呢？」她說：「如果我停下來，就會忘掉自己在做什麼了……」

「沒關係，」詹米說：「我們來試試看吧。」

我很高興聽到詹米支持這個計畫。原先我不確定他的反應會是什麼。「所以你同意囉？」我問。

「當然，」他說：「這個規矩很好。」

「那如果我們沒做呢？」艾麗諾說：「萬一我忘了呢？」

「這只是個提醒，」我安慰她，因為我猜想她到時候會很喜歡，她向來毫不吝惜表達自己。「艾麗諾有一顆充滿愛的心。」我們夫妻倆早就發現，她更小的時候會習慣牽著我們的手親吻，而且常常說「我愛你」或「你是全世界最好的媽咪／爹地／姊姊」。而且艾麗諾喜歡叫大家守規矩，所以她可能是全家最勤奮不懈的警察。

「那你呢，伊萊莎？」我問：「你也願意遵守嗎？」

「好吧，」她答應了。伊萊莎的個性比較內斂，但她對於任何家人的計畫，都非常樂意配合。

每個人都同意要朝「給予溫暖的迎接和道別」這個目標努力——但如果沒人提醒，我們都會記得嗎？我可不希望這個意在加深感情的決心，到頭來變成爭執的來源。

於是，每一天有好幾次，我們都會有真正跟全家人互動的時刻。以前伊萊莎會大喊：「我要出門囉！」然後就出門上學了，但現在我會在後面喊：「等一下，等一下！」接著艾麗諾和我會趕到門邊，給她一個結實的擁抱。

一個朋友跟我說：「擁抱，對於學校裡的小孩也很重要。我那個正在念幼兒園的孩子到學校時，如果老師看著他的雙眼，跟他擊掌或擁抱，他就會很高興走進教室，很輕易就適應。但如果老師心不在焉，沒有讓他覺得受到歡迎，他就會不願意進教室，也一直沒法融入團體中。」

儘管溫暖的迎接和道別讓日子變得有點不一樣，但要遵守這個決心未必容易，尤其是對我來說。比方說，每天早上六點，我就會帶著一大杯紅茶和一罐健怡可樂進入書房忙碌，一直到七點兩個女兒起床為止。但常常在大約六點四十九分時，我正趕著想在七點前完成某件工作，就聽到詹米喊：「老婆，我要出去囉！」

「等一下！」我喊回去：「等我一秒鐘！」我真希望他能來書房跟我說再見。我真希望他多等十五分鐘再出門。不，我提醒自己：「給予溫暖的道別」和「早晨親吻，夜晚親吻」，儘管我得花好大的力氣，才能讓自己的手指抽離鍵盤，但我很高興自己努力做到了。我很幸運，有個深情又可愛的丈夫，而且可以用溫暖的擁抱和親吻開始這一天。

美好的往日時光，就在今天

「生命中的每段時光，都有不同型態的愛。」托爾斯泰曾寫道。而生命中的每段時光，也都有不同型態的快樂。

趁著我們年幼的小孩還住在家裡，我想珍惜生命中的這段時光；我不希望它被忽略掉，就這樣悄悄溜走，事後也記不起來。伊萊莎還小的時候，我早上常帶著她搭公車去托兒所，當時真希望每天早上都那樣搭巴士，永遠不變。然而，那段日子早就過去了。現在我每天陪艾麗諾走路去上學，從頭到尾牽著手，但很快的，她也會自己走路去上學了。

有天晚上，我和幾個朋友參加完讀書會後走出來，我說：「我最近一直覺得好感傷。童年消失得好快，這話很老套，卻也好中肯。」

「我完全明白你的意思，」一個朋友回應道。「每回我為了那些沾黏在冰箱門上的東西，或是擋在走道上的嬰兒車而氣呼呼時，就會提醒自己：**這**正是美好的往日時光。」

「沒錯，」我說：「**現在**就是該珍惜的時候。」

走進家門，我再度想到，我多麼希望讓我們家成為一個舒適的、溫暖的、柔情的避風港。眼前我們正值人生的尖峰時刻，一切都移動得好快，每一天似乎都擁擠不堪——因而我們更該記住要慢下來、保持耐心、拍照，還有，玩躲貓貓。

當我思考著這個持久的挑戰，一段聖經裡的話忽然浮現心頭。在馬可福音第四章第二十五節裡，耶穌說：「那有的，要給他更多；沒有的，連他所有的一點點也要奪走。」我覺得耶穌的意思大概是：「那些試圖了解神聖真理的人，會學到更多；而那些連試都不肯的人，連原先學到的一點點都會忘記。」

但無論耶穌的意思是什麼，我發現自己把這句話放在快樂的脈絡中思考。它總結了一則殘酷的「成人的祕密」：**擁有更多，就會得到更多**。當你覺得友善親切，人們就會想跟你做朋友。當你覺得自己有魅力，人們就會受你吸引。當你覺得心中充滿愛，其他人也會愛你。這個真理很殘酷，因為往往你希望別人給你的，正是你所欠缺的——當你覺得沒有朋友很孤單時，才會最希望朋友對你友善親切。當你覺得自己很醜時，你會希望有人跟你說你多麼有吸引力。感覺心中沒有愛時，會讓你渴望有人給你很多愛。

於是再次的，又回到了第六條的快樂真理：我唯一能改變的人，就是我自己。如果我希望家裡充滿愛、鼓勵、歡樂的氣氛，那麼每回走進家門之前，**我**就得帶著這樣的心情。

| 12 月 |

內心深處，你真的快樂嗎？

更新自己，掃除快樂吸血蟲

只要內在更美好，外在自然會顯現出來。
——賽門・派屈克《作品集》（Simon Patrick, *Works*）

- ✡ 遠離抱怨鬼、討厭鬼、懶惰鬼
- ✡ 三思而後行
- ✡ 別在意禮物，要看重心意
- ✡ 少管別人閒事

百貨公司裡的擴音器播送著聖誕頌歌，公園大道安全島上的彩燈閃爍，商店櫥窗裡亮著電子連燈燭台，兩個女兒計畫著要穿什麼衣服去參加學校的燭光祈福會。

這是佳節時光。當天氣變得更冷、更陰鬱，我們家似乎也更溫暖。冰冷的冬雨敲著窗子，我坐在溫暖、宜人的廚房裡，真是滿足得難以言喻。

愈來愈嚴酷的戶外天氣，也讓我轉而往內，探索自己的心。這個月，我想面對自己的內在經驗和態度。正如賽門・派屈克主教所說的：「只要內在更美好，外在自然會顯現出來。」我該如何從內到外，打造一個全新的自己？

首先，我想在自己的內心裡裝備好我的快樂。我常想起搖滾歌手巴布・狄倫（Bob Dylan）那本奇特、精采的回憶錄《搖滾記》（*Chronicles: Volume One*）裡一段談他太太的話：「我一直很喜歡她的一點，就是她從來不認為快樂要靠別人，不管是靠我或其他人，她向來有自己內在既有的快樂。」

這就是我想要的：我自己「內在既有的快樂」。我想在情緒上自給自足，就不必靠別人或靠環境來提振我，也不會被拖下去。當我覺得不快樂時，就很容易去吸取別人的快樂能量，或是要求他人不斷給我讚美、肯定、一再保證，或是忘了去做一些能讓我更快樂的事（運動、清除凌亂、早晨唱歌）。我希望詹米、伊萊莎、艾麗諾快樂，但我不能**逼**他們快樂，而且我也不希望自己的快樂完全仰賴他們。一份研究顯示，贊成「別人快樂，我才會快樂」這個說法的人，通常比較容易沮喪、焦慮、失控大吃。然而，有自己內在固有快樂的人，不但能讓自己更快樂，也可能——但不能保證——帶給別人快樂（第二條快樂真理的後半：讓**其他人**快樂的最佳方式之一，就是**我自己**要快樂）。

一個人快樂與否，與人際關係有很密切的關係。因為，我們的「情緒」是會相互「感染」的。研究發現，就算是擦身而過的陌生人，也會感染彼此的情緒。另外，講電話，或是看到照片裡快樂或憤怒的臉，也會影響我們的情緒。曾經有一份研究，參與實驗者被要求「表現出很樂觀」，結果發現：這個人的心情會傳染給整個團隊，衝突變少、合作變多，整體表現也會更好。

關係親密的人，通常更有情緒傳染力。有一份研究，讓大學新鮮人隨機分配室友，結果發現：被分配到較沮喪室友的人，三個月後自己也會變得更沮喪。有研究也發現：當配偶之一的快樂程度大幅提高，另一半的快樂也會跟著增加，反之亦然。

我在自己的婚姻中，就感覺到這個現象。詹米八歲時曾進行過一次心臟手術，感染了C型肝炎，目前為止雖然過著完全正常的生活，但病毒依然潛伏，去年進行一年的實驗性高劑量干擾素藥物療程，過程中多少覺得難受而疲倦——就像一直沒有痊癒的感冒，我的心情也跟著不好起來。更早時，艾麗諾三、四歲左右，也常搞得我每天心情大受影響。相反的，當伊萊莎興奮展示她剛學到的影片技巧，或是詹米手上棘手的任務終於完成，他們的快樂也會讓我精神一振。

對我來說，家人的快樂太重要了，我用自己的經驗歸納出「第七條快樂真理」，分為三部分：

一，快樂的人會讓其他人快樂，但是……

二，你無法**逼**別人快樂，而且……

三，別人也無法**逼**你快樂。

我這個月的重點是「內在」，目標是加強內在固有的快樂。首先，我要「抵抗快樂吸血蟲」，如果有人想吸走我的快樂，我絕對不受到他們惡毒的影響。甚至，我想對自己要求更高，希望在心煩或挫折的時候，能夠表現得更有幽默感，於是我決心要「三思而後行」。

遠離「快樂吸血蟲」——抱怨鬼、討厭鬼、懶惰鬼

快樂的人通常比較有魅力。因為這種人比較可能精力充沛、善於交際、熱心、樂觀；相

反的，不快樂的人通常比較冷漠，也比較愛抱怨，給別人帶來壓力。由哈佛教授古樂朋（Nicholas Christakis）和福勒（James Fowler）所做的社交網絡研究指出，快樂的人會跟快樂的人在一起，不快樂的人則會跟不快樂的人在一起，而且不快樂的人很可能經常處在社交網絡的外圍。

因為快樂和不快樂都是會傳染的，所以不快樂的一大來源，就是「快樂吸血蟲」，他們會吸走其他人身上的快樂活力。閱讀過菲爾普斯（Will Felps）、米契爾（Terence R. Mitchell）、拜因騰（Eliza Byington）那篇有關「壞蘋果」的精采論文之後*，我認為快樂吸血蟲主要有三種：

・**抱怨鬼**，這種人長期不快樂、悲觀、焦慮、易怒，或缺乏自信。而負面情緒往往比正面情緒更容易傳染、更持久，因此抱怨鬼很容易把一整個團體的氣氛搞壞。

・**討厭鬼**，這種人通常不尊重別人，老是找別人的錯處，表現得無禮與無情，他們會散

*壞蘋果指的是為團體帶來負面影響的人（就像我們常說的老鼠屎），包括偷懶的人、負面思考的人和討厭的人。

播惡意謠言、羞辱他人、喜歡刻薄地取笑與欺負他人、愛搶功、喜歡主導話題。他們的行為會削弱人們彼此的互信，讓人覺得戒備、怨恨、被輕視。

・**懶惰鬼**，這種人不願意盡自己應有的責任，跟這種人在一起工作，很容易有被利用的感覺。有時，懶惰鬼會故意裝作無能——例如故意不把事情做好，或是刻意拖延——迫使其他人接手。

以上三種快樂吸血蟲不但自己行為惡劣，還會把這種惡劣行為散播出去。我們稱這種現象為「外溢效應」（spillover effect）——跟抱怨鬼、討厭鬼、懶惰鬼相處久了，我們可能會開始模仿他們。研究顯示，在一個團體中，最不認真、最難相處、情緒最不穩定的成員，通常會影響整個團體的心情。以我的經驗，最常見的快樂吸血蟲是抱怨鬼。愛抱怨是一種暫時的狀態嗎？他們會脫離那種悲觀心態嗎？通常是不會的。

關於快樂，一個不幸的真理是，一個人**未來**是否能快樂的最佳指標，就是他**過去**是否快樂。對於我這樣努力想更快樂的人來說，這個結論沒有什麼幫助——這就像告訴某個人，避免過胖的最佳方法，就是永遠都保持苗條。然而，如果某個人的快樂會影響你，而你想評估他未來快樂的可能性，這個方法很有幫助。如果你去接受工作面試，老闆看起來好像對一切都不滿意，你可能就會判定他也不會滿意你（反之亦然）。如果你考慮要跟某個人合租公寓，但他老是很沮喪，那麼你最好另尋室友。如果你考慮結婚的對象現在老是有很多負面情緒，那麼這個人未來大概也會有一大堆負面情緒。

我決心要與「快樂吸血蟲」對抗，盡量避免跟抱怨鬼、討厭鬼、懶惰鬼接觸，就算避不掉，也要更理智地對付他們。

幾乎就在我下定這個決心的時候，剛好有個機會，可以跟某個人合作進行一個誘人的案子。但後來，秉持著這個月的決心，我決定放棄，因為我察覺到對方根本是個抱怨鬼兼討厭鬼。就算案子看起來很有趣，但每次跟這個人相處，都會吸走我一部分快樂。當我把謝絕合作的電子郵件寄出時，打從心底鬆了一口氣。

盡量點頭，但不要多管閒事

當然，要避開所有快樂吸血蟲，不見得都能辦到。我一個朋友就曾搖著頭說：「我躲不掉我身邊的快樂吸血蟲——因為她是我媽，八十一歲了，而且跟我一起住。」那麼，我能用什麼策略，來面對身邊老是給我負面影響的人呢？我想出了以下幾個方法：

．**避免跟快樂吸血蟲單獨相處**。如果有另一個人在場，通常能削弱吸血蟲的力量。

．**如果可以的話，利用文字（例如寫簡訊或 email）溝通**。我發現面對面的時候，我會比較難以控制自己的情緒。用 email 回應，能讓我更冷靜的表達。

．**保持幽默感**。這點對我來說，還真是個挑戰，因為通常面臨這種考驗，我的幽默感總是棄我而去。

．**不要反駁，盡量接受**。快樂吸血蟲如果感覺到別人認可他們的觀點，往往就不會那麼起勁了。

．**別忘了「我」想要的感覺，要表現出「我」期待的行為**。我發現，當我身邊有快樂吸血蟲時，我常會漸漸與他們有同樣的行為——更多抱怨，批評更尖銳。我得提醒自己，要堅守自己的原則。

．**最重要的是，不要多管別人閒事**。碰到抱怨鬼，我們會很想鼓勵他。但與其想要改變對方，我會提醒自己第七條快樂真理：

快樂的人會讓其他人快樂，但是
你無法**逼**別人快樂，而且
別人也無法**逼**你快樂

一個老朋友來紐約看我。「你現在搬家了，跟你老公家的人還常見面嗎？」我問，因為我記得他們相處得很不好。

「幸好，見面機會少多了！」她嘆了口氣。「問題是，連我老公都承認，我那些姻親們就像一齣戲裡面的可怕角色。每回見到他們，我都會寫下他們種種難以置信的所作所為，記了好多頁。」

「你還真的寫下來？」

「那當然，」她回答。「這麼一來，他們的惡劣行為就不會那麼困擾我了。他們愈惡劣，我就有更多料可以寫。」我覺得這真是一個保持距離的聰明辦法。「我不能發表這些相關的東西，」她又補充：「因為他們一定會告我，但光是想像可以發表，就很好玩了。」

三思而後行

我在研究第一次的快樂生活提案時，花了幾個月歸納出十二守則。我每天都會想到這些守則：

一、做自己。

二、凡事看開。

三、表現出自己想要的感覺。

四、馬上行動。

五、要有禮貌，要講道理。

六、享受過程。

七、物盡其用，不浪費。

八、把問題弄清楚。

九、放輕鬆。

十、該做的事情就去做。

十一、不要斤斤計較。

十二、心中只有愛。

（我在考慮要不要加上一條：「選擇更寬廣的人生。」）

「我看過你的守則了，」一個朋友告訴我：「我也整理出自己的守則，但是我只有四條。」

「哦，哪四條？」我問。

「『伸出手』、『愛你的母親』、『說出來、做出來』，還有『三思而後行』。」

「真的很棒，」我讚賞地說：「我尤其喜歡『三思而後行』。我也要把這一點列入我的守則中。」因為，我知道：我常講話很兇、沒耐心、容易擺臭臉。例如十二月的一個早晨，我照例六點起床，獨自在電腦前工作一小時。然後伸展四肢、換好衣服，哼著歌幫兩個女兒做早餐。接著一切開始急轉直下。

「嘿，你怎麼還沒換衣服？」我探頭到伊萊莎房間裡問她。「出門時間快到了！」

「我沒有衣服穿。」她抱怨。

「我們上星期才幫你買了一些上學的衣服啊！」我說：「一定有可以穿的。」

「不！沒有！」然後她把衣服一件接一件拿出來，說明她為什麼不能穿。

「你自己趕快想辦法！」我兇巴巴說。

至於艾麗諾，平常總是對每件事都有意見——「我不想穿毛衣！」「我不想梳頭！」這會兒，她啜泣起來。「怎麼了？」我問，但她不回應。從她哭的聲音聽起來，我知道她不是真的難過，只是心煩而已。

我處理得並不好。儘管努力再三，早晨依然是我最沒耐心的時候。我不斷提醒自己：「三思而後行！」我想保持平靜，也會深深吸一口氣，設法說些開心的話，可是沒幾下我又會兇巴巴起來。

一個星期後，我又碰到類似的狀況。儘管艾麗諾已經大了點，很少亂發脾氣了，但偶爾還是會故態復萌。一天下午，她先是生氣，接著大哭，在浴室裡憤怒尖叫起來。我前一天晚上沒睡好（這表示我的耐心很快就會用完），先試著轉移她的注意力，屢試無效後，我開始吼她：「你得學著好好控制自己！」

盛怒之下，我根本沒想到這句話根本在打我自己的臉。老公走過來，抓起我一隻手：「冷靜點，」他說：「你這樣發脾氣，真的滿嚇人的。」

「才不呢！」我抗議。「明明是她……」

「我知道，」他說。「她有時候真的很煩。但她才五歲。你得冷靜下來。」

我瞪著他一會兒，然後深吸一口氣。他說得沒錯。

控制自己的脾氣，是我每天都在努力的課題。我知道，大吼、罵人，不可能營造出我想要的深情、寧靜、柔情氣氛。

三思而後行，三思而後行。

禮物不重要，重要的是：心意

每年到了十二月，是基督教的聖誕節和猶太教的光明節兩大節日，我們家會分別依據兩家的傳統，兩個節日都過——聖誕節在我娘家過，光明節則是和詹米的父母一起。另外，我的生日也在十二月中，所以我一整年會收到的禮物，幾乎都集中在這個月，因而也讓我思考

「禮物」這件事。

聖女小德蘭的靈修回憶錄《一個靈魂的故事》（*Story of a Soul*），我讀了好幾次。我有點迷上聖女小德蘭，收藏了一大堆有關她的書。十二月初的一天，我忽然明白為什麼自己一直在思考書裡的一段話。

這段話的背景，是在一八九七年的某一天，當時二十出頭的小德蘭因為罹患肺結核而身體虛弱（不久後她就過世了），坐著輪椅來到她所住的那座修女院的花園裡。由於修女院的院長命令她完成一份童年回憶，她一直試圖要寫，卻不怎麼順利：

我拿著筆正要開始寫，看到一位修女經過，肩上扛著乾草叉。她相信跟我閒聊幾句，可以讓我稍微分心休息一下：於是聊了乾草、鴨子、母雞、看醫生，無所不談……另一個扛著乾草叉的修女摘了一把花放在我膝上，或許是相信這樣可以帶給我寫詩的思緒。我當時並不打算寫詩，寧可那些花朵仍在枝頭搖曳……

我不曉得自己有沒有可能寫滿十行而不被打擾……但是，為了天主和各位修女的愛（她們如此仁慈照看我），我努力表現出快樂，尤其要**真心感到快樂**。比方說，有個扛著乾草叉的修女經過，在離開前很同情地跟我說：「可憐的小姊妹，你這樣寫一整天，一定累壞了。」「別擔心，」我回答，「我看起來好像寫了很多，但其實幾乎什麼都沒寫。」「好極了！」她說，「但還是一樣，我很高興我們在曬乾草，因為這樣就可以稍微讓你分心休息一下。」事實上，她們讓我分心得太嚴重了……我說我幾乎什麼都沒寫，可不是謊話。

聖女小德蘭強調，重要的是領受「禮物所代表的心意」，而不是禮物本身。她其實不希望有人送她花，因為她希望看到野花生長在田野中，但她努力「表現出快樂，尤其要**真心感到快樂**」。

我回想起一件事，不安起來。那是幾年前，詹氷買了一盆梔子花盆栽——他知道我很愛梔子花——送我。「謝謝，這盆花好……好大啊！」我心不在焉地說。其實我心裡嘀咕：「這花要放哪？容易照顧嗎？鐵定過不了幾天就會被我搞死，真是浪費錢。」

對這份貼心的禮物，我沒有熱情回應。照理說，老公知道我喜歡梔子花，所以買下了他能找到的最大一棵給我，我應該努力表現出快樂，尤其要**真心感到快樂**才對。

現在，每當我看到梔子花，就想到那份禮物。

針對禮物的心意做出回應

閱讀《一個靈魂的故事》，讓我明白：回應一份禮物的心意有多麼重要。沒多久，我就有了回應心意的機會。

我向來對首飾沒什麼興趣，尤其是精美的首飾，會讓我覺得責任太大，但很難得的，今年生日我想要一個戒指。

我不喜歡複雜。我幾乎每天都穿運動鞋、牛仔褲或瑜珈褲，外加一件帽T。我每天都戴同一個手錶、同一副耳環，出門從不帶皮包或好包包，通常都只用我那個黑色的 North Face 電腦背包。除非有特別理由，否則我從不化妝，不過偶爾我會有個衝動（我得承認，通常都很短暫），想讓自己的外表更精緻一些，而我覺得不需要額外費事、看起來就能稍微多一點的裝飾品，感覺上似乎不錯。

「我想要一個戒指。」我告訴詹米。

「什麼樣的戒指？」詹米問。

「漂亮的戒指吧，我也不曉得。」詹米挑選禮物的品味絕佳，我猜想他挑的戒指會比我挑的好。

到了我生日前大約一星期，我接到一通語音留言，是一個店員打來的，說詹米要的手鍊已經準備好了。

手鍊？我要的不是手鍊。手鍊會妨礙我打字，而且得和衣服搭配才行。我忽然一陣氣惱：為什麼詹米不能就買我要的東西給我？

然後我想起了先前這句話：**針對禮物的心意做出回應！**我親愛的、體貼的老公很努力，大概還花了不少錢，買了一個生日禮物給我。我想像他自己跑去首飾櫃檯挑選手鍊的樣子，而我竟然要埋怨他沒買戒指？太荒謬了！

詹米拿了包裝好的禮物回家時，希望我立刻拆開，而不是等到生日那天。那是一個細長的手鍊盒。

「我知道你說你想要戒指，我也試過了，但就是不曉得你喜歡哪種。」我打開時，詹米說：「我發現，戒指要你自己挑才行，所以我改買了這個。」

「沒關係！我喜歡這條手鍊！」我舉高手鍊，大大讚賞了一番。那是條金手鍊，上頭吊著五個墜飾。我最喜歡的一個墜飾，看起來像本小書，上頭還寫著「快樂生活提案」，書裡則寫著我們的結婚日期和兩個女兒的生日。「太漂亮了，我等不及要戴上！我好愛！」這話，是真心的。

自制力很重要，請謹慎使用

聖誕節之前的那個星期，我們要到堪薩斯城。在紐約，我們會用彩燈之類的裝飾家裡，會看一場每年必看的午後場芭蕾舞劇《胡桃鉗》，另外還會去採買一些東西。但對我來說，總是要到了堪薩斯城機場、看到爸媽朝我們微笑揮手，我才感覺像是過節。

我很高興兩個女兒每年都會固定見到祖父母，因為跟祖父母的感情很重要，甚至跟祖父母**出身處**的感情也很重要。我爸媽都是在內布拉斯加的小城北普拉特（North Platte）長大的，小時候我妹和我每年暑假都會去那裡住。我清楚記得我們做過的事、吃過的東西，還有每個房間的氣味。對伊萊莎和艾麗諾來說，我知道，她們童年的關鍵回憶之一，將會是在堪薩斯城度過的聖誕節。

我爸媽保留了很多我和我妹小時候最喜歡的玩具，回堪薩斯娘家期間，重新找出這些舊玩具是兩個女兒（還有我）最喜歡做的事。每次回去，女兒總是翻出舊絨毛玩具、塞滿香味貼紙的柳條籃（那是我妹多年來累積的），還有成套的玩具鍋盤。有天下午，正當我們在一家百貨公司忙著採買最後一點小東西時，我看到了一組費雪－普萊斯公司（Fisher-Price）出的聖誕版玩具屋，我小時候玩過的那套，最近艾麗諾才剛開始玩。那個小房子甚至有個會響的電鈴。我非買不可——就連我這種向來買太少的人，偶爾都會有買東西的衝動。把這個小屋放在「歡樂與遊戲的聖殿」，將是今年聖誕節的絕佳紀念品。

但儘管我喜歡聖誕節的歡樂，卻也很擔心種種聖誕甜食的誘惑：薑餅、糖果、我父親做的瑞典式煎餅。如果我吃太多，就會內疚又煩躁，但只要能夠不過量，這個節日就會過得更快樂。然而，抗拒這些甜食，真是耗盡了我所有的自制力。

心理學家鮑麥斯特（Roy Baumeister）的研究指出，我們每天的自制力都是有限的，而且隨著我們的使用——比方忍著不說錯話、努力不去想某個話題（忘掉櫥櫃裡的那個派，或是跟鄰居不愉快的談話）——會愈來愈少。等到自制力快用光時，我們就會很難抗拒一些新的誘惑。要是我為了回覆一封討厭的電子郵件，花掉很多自制力，那我就很難忍著不去兇兩個女兒。如果我在餐廳裡忍著不吃太多麵包，最後可能就會吃掉詹米的半份甜點。如果我強迫自己安排好這一週的家庭行事曆，或是老在逼自己多喝水，我可能就會懶得上健身房了。

真理倒過來，通常也是真理。我發現，在我快樂生活提案中很多決心事項，倒過來想也同樣很有用。尋找快樂，似乎意味著擁抱一個矛盾的兩端——例如「馬上行動」和「事緩則圓」、「整理好」和「不要整理」、「保留一個乾淨的空間」和「保留一個讓你可以亂丟的空間」等等。

先前，我想改善的是「自我控制」的能力，但是這個月，我決定要**放棄**自我控制。因為，自制力是有限的珍貴資源，因此有時候我得避免自己濫用才行。在這個月中，我試過的兩種策略對我特別管用：**禁絕**和**方便性**。

禁絕

或許令人想不到的是，我發現放棄自制力最容易的方法之一，就是**完全**放棄。

十二月的一個早晨，我驚醒過來。我忘了準備全麥餅乾屋！每年十二月，我們家做的不是傳統的薑餅屋，而是全麥餅乾屋，因為比較好做，而且裝飾起來更好玩。「我們週末一定要做全麥餅乾屋了！」我在早餐時宣布：「否則我們才剛做完，還沒有時間享受，就要去外公外婆家了。」

「我可以吃一點糖果嗎？」艾麗諾立刻問。我們買了一大堆各式各樣的糖果，準備要裝飾全麥餅乾屋。

「一點點，不能吃太多。」我想都沒想就回答。

對我來說，做全麥餅乾屋的一大麻煩，就是我們會準備一大堆各種糖果，好用來裝飾。我喜歡糖果，也知道自己會很想這裡吃一點糖果，那裡吃一點糖果——每十分鐘就吃一顆，吃上一整個星期。

我向來渴望能控制自己的生活，尤其是控制自己的飲食，因而老是把自己管得很緊，不敢放縱。對某些人來說，這種限制可能很礙事或無趣，但我的狀況是，如果去遵守一些為自己量身打造的奇怪規則，比方不准吃開胃小菜、去參加小孩的宴會不准吃東西、不准吃全麥餅乾（這個規則我常常打破），我會比較快樂。

想到我們買的那些糖果，我心中忽然浮現出一個念頭：「或許我應該決定這個月都不准再吃任何甜食。在紐約這裡不准，去堪薩斯城也不准。」我一決定這麼做，就忽然覺得鬆了一口大氣。對我來說，**完全不吃**甜食比**只吃少量**甜食要容易多了。

啟發我看清自己這個本性的，是約翰生博士（Samuel Johnson）。他提到自己曾謝絕他人給的葡萄酒，因為「完全不喝對我來說很容易，但喝得節制就很難了」。我就是這樣！於是我明白，約翰生博士和我都是「禁絕者」，我們都發現了適度縱容自己很困難，完全不碰反倒要容易得多。如果我決定禁絕某些事物，我就不會覺得那些東西有誘惑力，可是一旦我決定去碰一點，要停下來就很難了。對我來說，如果根本不要開始，就不必用自制力停下來，但如果要我只能偶爾做，就得動用很大的自制力。相反的，「節制者」就比較善於適量調整，偶爾縱容自己，可以提高他們的愉悅，強化他們的決心。

一個朋友有回好心勸我：「人生太短，不能錯過吃布朗尼蛋糕的機會。」「不了，」我搖搖頭：「對我來說，人生太短，不能讓布朗尼蛋糕這種東西加重我心裡的負擔。不吃的話，我會比較快樂。」

「我真的不認為這種態度是健康的，」她說：「你太極端了！」「很有可能，」我大笑說：「不過這對我來說很有用。」她可能並不同意，但我了解自己。

於是，我這個月決定不吃任何節慶甜食。買來裝飾全麥餅乾屋的那些糖果，我一顆都沒碰。就連剛烤好的薑餅（或是還沒烤的生麵團，我發現這個更誘人），或是我母親為了聖誕節大餐買來的那座漂亮的法式焦糖奶油鬆餅塔，或是詹米烤的巧克力脆片義式脆餅，或是家庭號的冰淇淋汽水，我也一口都沒沾。其他東西我都不忌口，只是不碰甜食。

這真是一大**紓解**。這個方法不適用於每個人，但對我很管用。藉著給自己設限，我也得到了自由。

方便性

學者汪辛克（Brian Wansink）在著作《瞎吃》（*Mindless Eating*）中所討論的驚人研究證明：**方便性**對飲食的影響很大。當我們可以輕易看到並拿到食物時，我們就更可能縱容自己大吃。

在一項研究中，實驗者把一名秘書桌上放的巧克力糖，從不透明碗換到透明碗中，結果吃掉的數量增加了四六%；相反的，一家自助餐廳裡的冰淇淋筒只要加上蓋子，消耗量就立刻下降一半。於是，為了幫助自己戒絕甜食，我把節日甜食用錫箔紙包起來，然後放在一個很高的架子上。只要看不到，我就會忘了它們的存在。同樣的道理，在節日宴會上，我會遠離甜點桌。在飲食之外的領域，這個方法也同樣好用——我就聽過有人把信用卡冰起來，增加使用的麻煩程度。

此外，**方便性**也可以幫助我們採取正面行動。例如我一個朋友，就把她的健身腳踏車搬到電視機前，每回看電視，就會跳上腳踏車。還有一個朋友發現，養了狗之後就比較常長途散步——有研究顯示，狗主人的運動量，會比規律上健身房的人高出許多，也更樂在其中。健身房長期會員的未使用率高達七〇％，但狗主人每天都得出門遛狗。出門度假時，我常常早上一起床就穿上運動服，這樣當我想要上健身房就容易多了。

先顧好你自己，才能散播好情緒

十二月的最後一天，我們全家回到紐約市。我在路上巧遇一個不熟的朋友，兩人聊了幾分鐘，我心想：「哇，這傢伙真是個快樂吸血蟲！」儘管他很有禮貌，但我可以強烈感覺到他的負面能量。每次只要他說出消極的話，我就會忍不住反駁。

「假期終於要結束了，我真是鬆了一口氣！」他說。

「會嗎？我還滿喜歡聖誕假期的啊！」我說。

「我討厭到處都是人擠人，商業氣息太重了。」他說。

「我倒是很喜歡這種節慶氣氛。」我反駁。

我們就這樣一來一往講了幾分鐘，道別之後，我突然發現，自己怎麼伶牙俐齒起來了？簡直不像平常的我。

我繼續沿著街道往前走，思索著剛剛的對話，忽然間，我明白了自己之前一直沒有看清的一種模式，就是：**跳跳虎會跑出來反對屹耳，屹耳也會跑出來反對跳跳虎**。在米恩（A. A. Milne）的經典兒童故事《小熊維尼》中，跳跳虎是堅持樂觀、活力十足的老虎，而屹耳則是憂鬱、悲觀的驢子。也就是說：碰到屹耳，跳跳虎會更堅持要開心，而屹耳會變得更消極，以抵抗對方的影響。像跳跳虎和屹耳這樣的人，通常很以自己的個性為榮，不會被說服而改變立場。

我進一步發現，屹耳型的人常覺得跳跳虎的樂觀「太假了」，而且很容易被跳跳虎的盲目樂觀、不肯正視人生黑暗面所激怒。但是，我看到跳跳虎們的一個共同點：他們都在努力讓自己活得更快樂。我猜想，當跳跳虎和屹耳試圖彼此抗衡時，跳跳虎之所以努力地展現樂觀，就是為了避免自己被別人搞得不開心。

搞清楚了「跳跳虎／屹耳」現象，讓我更想大聲散播我的快樂理論。我得很努力憋著，才能避免自己成了別人眼中的嘮叨鬼：

「**嘿，跳跳虎！**記住第七條快樂真理：你不能逼別人快樂。讓你的快樂自然感染屹耳們，但別為了說服他們而把自己累死！叫屹耳們『開心點』並不會讓他們更快樂，只會讓他們更生氣！」

「**嘿，屹耳！**記住，你以為自己**實際**又**誠實**，但老實告訴你：其他人可能覺得你悲觀又吹毛求疵。跟你在一起很掃興，他們會躲著你——無論應不應該，反正就是會這樣。雖然你覺得跳跳虎們很假仙，但他們的歡樂可能是衝著你而來——沒錯，搞得你抓狂的那種樂觀，就是被你逼出來的！」

我努力忍著，不向身邊的跳跳虎和屹耳們嘮叨，因為我想起梭羅的告誡：「讓每個人顧好自己的事情，盡力發揮自己的長才。」

葛瑞琴，顧好你自己就好。

1 月

睡覺，運動，關手機

如何管理時間

我們總天真地以為，**以後**會有更多餘裕。

——卡內提《人的領域》（Elias Canetti, *The Human Province*）

- ☆管理你口袋裡的辦公室
- ☆安排孩子的空閒時間
- ☆十五分鐘，也能有奇蹟
- ☆對另一半不要太強求

我在去年九月，展開快樂生活實驗，現在是一月了，新的一年也讓我有了新熱情。我想實驗另一個新策略：選擇一個年度關鍵詞，做為我接下來一整年的主題。

我今年的主題，是：**活得更大器**。過去，我老是想簡化，凡事都保持在可以控制的小範圍；現在，我希望「放大」能激勵我想得更遠、更願意忍受複雜和失敗，對自己期望更高。我想要「大一點」的人生。

我在部落格發表這個想法時，很多讀者也

紛紛提出了他們自己的年度關鍵主題——更新、習慣、玩耍、健康、行動、可能性、相信、移動、足夠、細節、服務、慷慨、升級、界限、愛、結束、答案、探險、寬容、創造、潛水、爭取、開放、放慢、天賦等等。我發現，居然連我老妹伊麗莎白也跑來留言，她選擇的是：「小一點」！

人要活得從容——不快，也不慢

面對新年剛降下的一片白雪，我思考著**時間**這件事。掌控感，對快樂很重要：覺得自己能掌控人生（尤其是覺得自己能控制時間）的人，通常也比較快樂。

我喜歡堪薩斯城的從容不迫。每天都有很多活動，但沒有急迫感。我不必四處奔波，一口氣做十件事情；不必逼兩個女兒（還有自己）吃完早餐或趕快穿上外套；我設定自己的步調；而且每一天，我的確都完成了預定要做完的事情。

這個月，我想培養這種在家裡也能「從容不迫」的氣氛。我希望有很多時間，可以去想去的地方，做想做的事情，不浪費太多時間在無法令人滿足的活動上。「我喜歡自己的生活有很多留白。」梭羅曾寫道，這點也是我想達到的，希望能在忙碌的生活節奏下，漸漸挪出閒暇的時間。

對我來說，這不是容易的任務。我總是想火速完成一堆事，比方說，當我催促著艾麗諾換衣服準備上學時，詹米會跑進來鬧：「我要去上班囉，過來親我一下。」每次都逗得艾麗諾樂不可支——因為詹米身上不是只穿著短褲，就是穿了西裝卻光著腳。以前這種情況常讓我覺得很煩，因為耽誤了我計畫中早上該做的事，後來我才明白，其實離上學時間還很充裕，而且用搞笑展開新的一天，其實非常美好。

我常覺得，自己好像總是從一件事趕赴另一件——或是被拖過去。我愈覺得忙，行為就愈糟。我會更嘮叨，會更急著辦完那些事情，因而沒注意到日常生活中種種平凡的愉悅——超市外頭水果繽紛的顏色，從花店飄出來的芳香，女兒口中關於上學的趣事。我講話更兇，也更可能在街上或在商店裡對人不禮貌。心理學家勒范恩（Robert Levine）計算過許多美國城市的「生活步調」，例如走路速度、銀行櫃檯職員的速度、講話速度，結果他發現，生活步調愈匆忙的城市，人們愈不願幫別人的忙：不會把（研究者掉了的）筆歸還，不願換零錢給需要的人等等。

對我來說，忙的感覺有三種：**車輪式的忙**、**流水帳的忙**，還有**救火隊的忙**。車輪式的忙，是那種老覺得自己不能停下來，否則永遠趕不上的焦慮，例如我會不斷檢查電子郵件。**流水帳的忙**，是覺得自己非得在很短的時間內，完成很多事情不可。至於**救火隊的忙**，則是覺得自己老是在花時間處理緊急事件，害我無法去做真正重要的事。

我不是想慢下來，而是想改變對生活步調的體驗。「兵法真正追求的，不是速度。」宮本武藏曾在《五輪書》中如此指出，「所謂的速度，是指感覺上的快慢……當然，慢也不好，但真正精通兵法的人絕對不會太急，總是從容不迫，不慌不忙。」我就希望自己生活的步調從容不迫——感覺不快也不慢。

什麼都能省，睡覺與運動的時間不能省！

然而時間似乎過得好快。秋天怎麼一下就過去了？我還記得自己六年級那年，彷彿漫長得永遠過不完；但伊萊莎六年級的第一個學期，卻一閃就過去了。

不是只有我有這種感覺。當我們年紀愈長，時間似乎就過得愈快。如同英國詩人騷塞

（Robert Southey）解釋的：「不管活多久，前二十年都是你人生最長的一半——當時感覺如此，事後回顧也是。這二十年在我們回憶中所占據的分量，勝過其後的加總。」多項研究也支持騷塞的看法，根據科學家蘭立克（Robert Lemlich）一九七〇年代的研究顯示，活到八十歲的人，有七一％的主觀經驗是在四十歲之前完成的，而六十歲到八十歲，感覺上只占了人生經驗的一三％。

同時，我也老是有一種錯覺，以為只要熬過接下來三、四個月，情況就會變好——「等到放暑假，我就有更多時間了；或是等放完暑假，我就可以輕鬆一點了。」一次又一次，我會這樣告訴自己，但結果是從來沒有輕鬆的那一天。如果我真想過得從容，那就得從**現在**就開始。

這個月，我想把時間變長，讓生活更生動豐富。可是要怎麼辦到呢？

「我沒空，」一個朋友說：「我要花時間照顧小孩，家裡還有一堆事。而且我白天要上班，晚上還常把工作帶回家，時間根本**不夠**！」

「我懂，」我點頭說：「做不完的事常把我搞瘋，最後乾脆去翻已經看過的雜誌，因為不知道該從何開始。」

「那怎麼辦？」她問：「我就是沒那麼多時間啊。」

我以前也常這樣告訴自己，但再也不要了。我決定要停止找藉口，說什麼「我沒時間」。其實我有，只要我把這件事當作重要的事，然後撥出時間。

有兩件最基本的事，一定要撥出時間：睡覺和運動。如果我希望感覺更快樂、活力充沛、心思敏銳，我就一定要得到充足的睡眠——就算這麼一來，我會有更多未讀的電子郵件，或是更多無法看完的書。

睡眠不足會影響記憶，導致一個人暴躁易怒，削弱免疫系統，甚至可能會讓人發胖，而且伴侶的睡眠品質會影響彼此的感情。儘管長期睡眠不足的人認為自己的身心機能沒問題，但其實心理敏銳度已大受損傷。雖然很多人宣稱他們一天只需要五、六個小時的睡眠，但其實真的睡這麼少的人，只占一％至三％。這些真正睡得少的人會晚睡早起，而且不會依賴小睡、咖啡因或週末補眠。但我沒辦法，我絕對是那種需要充足睡眠的人。

同樣的，運動對於健康也很重要，而且我知道，只要規律的上健身房，我就會覺得比較快樂，因為運動會立刻讓我覺得更冷靜、更有活力。住在紐約市，我每天都會走很多路（光是每天來回到女兒的學校，就有一英里了）。我從來不會逼自己要大量運動，但一定要運動。我父親很重視運動，很多年前，他就幫我改掉成天懶得動的習慣，而且一直叮嚀我：「你唯一要做的，就是穿上運動鞋，然後走出門去。」

今天是我的科技安息日，拜託別寫長信給我

管理時間，是一場永無止境的挑戰。

就像很多人一樣，我就像在口袋裡裝了一個辦公室——我隨時都在工作。說到時間管理，我們都聽過各種建議，但我不想換一台速度更快、功能更強大的電腦，也不想花時間重新整理電子郵件，或是下載什麼手機應用程式來幫我規畫時間——我要想得更……人器。

我老覺得自己該工作，老覺得時間急迫，好像有個人在我背後揮著手槍念叨：「快點，快點，快點！」沒錯，這些工作都是我所熱愛的，但這種老覺得自己應該工作、老是選擇工作而不去做一些也很重要事情的感覺，卻摧毀了我長期的快樂。

長期以來，一直有股力量把我拉向書桌。科技的進步，更大幅惡化了這個問題，原因有兩個。首先，科技讓我們可以在任何地方工作。以前擔任法務助理時，離開辦公室就表示不

再工作，奧康納大法官也從不打電話到我家。但現在，我的工作是寫作，可以在任何地方完成，這照理說是好事，但有時是壞事。因為「在家」就沒有上下班的差別，也沒有回到庇護所之感。我現在可以不必浪費時間開會，或是長時間通勤（通勤會造成很大的壓力和社交孤立感，因而成為不快樂的一大來源），是很棒沒錯，但是當筆記型電腦跟著我到任何地方，一如建築大師萊特說的：「我在哪裡，辦公室就在那裡：我自己就是辦公室。」一天二十四小時，全年無休，包括假日，就不妙了。

其次，科技也創造了一種似乎必須不斷追蹤、必須立刻處理的事情，像是**我應該回覆電子郵件，應該去看看某個網頁，應該去看一下臉書和推特**。我採訪理財專家瑪妮．特蔻（Manisha Thakor）時，她說：「網路是我的救命索，也是逼死我的兇手。」更甚者，這類的上網，讓我很容易就自以為做了很多事。

「我老是無法專心，」一個朋友說：「我一下得關心孩子，一下處理公司的事，一下要看新聞，根本不能好好思考。」「我覺得不是分心，而是被**追殺**，」另一個朋友說：「老是有東西要看、要回覆。十年前，我同事從來不會在週末打電話給我，現在卻會在星期六晚上互相傳電子郵件。」

至於要如何管理「口袋裡的辦公室」，每個人的方法都不一樣。我喜歡一個朋友的做法，就是在電子郵件末端附註：「請勿寄太長的郵件給我。」另外，有人會自己訂出「科技安息日」——在這天，不看電子郵件、不接電話、不上網；一位朋友擁有兩支黑莓機，一支用於公務，另一支用來收私人郵件；另一個朋友則是每天早上起床後的頭兩個小時，不看電子郵件或接電話，這樣她就可以利用這段時間，處理她覺得重要的事；還有個朋友去度假一週，為了不收電子郵件，乾脆手機不充電。

有個朋友說，他週末一律不回覆電子郵件。「但星期一早上，你要怎麼面對那些累積起來的大量郵件？」我問他。一份研究指出，一般美國受雇員工每天花一百零七分鐘在電子郵件上，而我花的時間往往超過更多。

「其實呢，」他偷偷告訴我：「我還是會收信與回覆，只是我把傳送時間設定在星期一早上。這麼一來，我可以理直氣壯的不回信，更不用整個週末寫了又回、回了又寫。」

「所以，你還是會在週末回信？」我說。

「沒錯，但沒關係，我已經把干擾減低，可以只在有空的時候才回信。」

真正的問題不是電腦上的On，而是我們心中的Off

可是我心裡很清楚：我們不該歸咎於科技。真正的問題，不是電腦上的開關，而是我們心裡的開關。於是，我想出以下幾個方法，來管理我「口袋裡的辦公室」：

・**跟家人在一起時，把手機、iPad、筆電收起來。**

我發現，通常當我想收電子郵件，不是我因為有什麼緊急的事，而是覺得無聊——例如站在雜貨店裡，等著伊萊莎挑選帶去學校派對的零食，或者旁觀艾麗諾仔細畫好每張圖片下方的二十朵小花。我覺得世上最悲慘的畫面，莫過於瞪著螢幕的父母旁邊有個沒人理睬的孩子。但只要有可以上網的東西在手上，我就很難不拿出來。所以，全都收起來。

・**出門時，無論走路、搭巴士、搭地鐵，或搭計程車，都不收電子郵件或講電話。**

以前，我會逼自己更有效地利用這些時間，但後來我領悟到，很多最棒的點子，都是在這些零碎時刻想到的。如同吳爾芙在日記上所寫的：「沒事的時候，我的腦子就會活動。什麼都不做，往往是最有好處的。」

・**必須專心寫作時，離開家裡的書房和三個心愛的電腦螢幕，去附近一家很棒的老圖書館。**

這樣一來，我就不必努力抗拒電子郵件、臉書、推特、我的部落格及手機的誘惑，而是乾脆讓自己沒法接觸——這是另一種「放棄自我控制」。同時，圖書館的氣氛有助於我思考。每當我想休息一下時，也不會跑去廚房找零食。

・**睡前不看電子郵件**。我以前喜歡一天結束之前，盡量清空收信匣，但是閱讀電子郵件卻會讓我更清醒，害我睡不著。

・**把手機設定為靜音**。有人想出一個字眼「鈴聲錯覺」，用來形容那些以為手機鈴聲正在響的神經質錯覺。

・**如果可能，在早上進行吃重的工作**。我不意外地發現，大部分人是在起床後那幾個小時的工作最有效率，通常是四個小時。

・**擁抱科技**。我們需要這些科技和朋友聯繫，雖然面對面接觸是最重要的，但用這些工具聯繫，總比完全不聯絡好。

孩子的時間，該怎麼安排？

大人和小孩之間最主要的差異之一，就是對時間的掌控。雖然大人常說自己無法掌控時間，但小孩面對的是另一種形態的無法掌控。身為母親，我對兩個女兒下課後的在家時間，具有極大的掌控權。

新學期開始，對於伊萊莎的課後時間安排，我一直拿不定主意。好多課都想上，如果她想要，什麼都可以學，而且這些課程（從中文到西洋棋到大提琴）在未來申請學校和撰寫履歷時非常有用。但如果她不想學呢？比方說，我一心想讓她上鋼琴課，但她不想上，我該堅持嗎？就像很多父母，我們希望盡量為孩子培養各種優勢，但這不等於我們可以逼她去學。

我向朋友提過這個問題。「等她學會，就能樂在其中了。」一個朋友這麼告訴我。

「嗯……」我一邊思考，真是這樣嗎？關鍵在於練習的意願：你可以逼小孩練習，但你不能逼他們**想要**練習。沒錯，我們通常樂於從事自己擅長的事，無論是工作或玩樂，但擅長不等於樂在其中。相反的，擅長某件事，有時反而會掩蓋你其實並不喜歡這件事的真相。例如我很擅長法律工作，但我懷疑自己是否因此錯失從事另一行的機會。

「練習還有一個好處，就是培養紀律。」另一個朋友指出：「你越不喜歡練習越好，更可以藉此訓練你的紀律感。」

我是很自律的人，我很清楚自律的風險。我很擅長逼自己去做一些不想做的事，但有時候，其實壓根不去做這些事，對我才真的比較好。為了自律而自律，太沒意思了，學校已經提供伊萊莎大量培養紀律的機會，回到家，我們還要把紀律的學習強加在她身上嗎？

哲學家羅素（Bertrand Russell）回憶他的童年時代：

我以前慣常獨自在花園裡漫遊，不是撿鳥蛋，就是在飛逝的時光中沉思。若是容我就自己的回憶判斷，我童年時期所開始認知到的、有重大影響的觀念，都是源自那些幼年時光中的吉光片羽，而且從來沒對大人提起。我想那些無所事事的漫遊對年幼者很重要，因為這些時間形成了他們日後極其重要的種種觀念。

我不否認，我是那種緊張型的父母，甚至可能極度緊張。很多人認為，應該讓小孩多嘗試各種活動，好協助他們發展出興趣，但問題是：這些活動真的能創造出他們原來沒有的新興趣嗎？而且，不讓孩子玩他們想玩的，而是去投入父母指派的活動，難道不會壓制他們才剛萌芽的興趣嗎？

做父母的，都希望子女能有效利用時間，希望他們將來能活得更安穩。但我承認，活得有效又安穩這種期望可能也是危險的。「你最好去當個教授／律師／會計師／老師／結婚，」很多父母會如此建議子女：「這樣比較沒風險。」然而，很多人花了很多時間、心力、金錢，歷經了一段從來就不吸引他們的人生歷程，最後卻自願或非自願地離開了。現在我當了母親，很驚嘆當初我決定離開法律圈、改行當作家時，我父母居然鼓勵我。看到自己的孩子冒著失敗或失望的風險，去從事一些看起來浪費時間、心力、金錢的事情，做父母的當然很痛苦。但話說回來：做父母的人，又怎知道什麼是安穩，什麼又是浪費時間呢？

所以詹米和我該怎麼做？該堅持讓伊萊莎去上鋼琴課，還是算了？

如果強迫她，或許她會漸漸喜歡彈鋼琴，但也或許不會；或許她會因此學得更自律，也或許不會。還有另一個關鍵因素要考慮：**機會成本**（opportunity cost）。這個經濟學辭彙是指，做任何特定的選擇時，意味著放棄其他的選項。練習鋼琴一小時，就表示要放棄其他所有原本可能從事的活動。如果伊萊莎這個小時不練琴，她會去做什麼？除非我們讓她自由決定，否則她永遠不會知道。

我當然希望伊萊莎學鋼琴，以後申請大學會比較容易，但我更明白童年最重要的學習課程之一，就是發掘自己**喜歡**做什麼。無論是兒童或成人，當我們面對自由的時間，如果沒有明顯的方向，沒有預先的激勵，也沒有指派的任務，就必須自行選擇要做些什麼——這一課非常必要，也很有啟發性。

「成長過程中，我常覺得日子好無聊，」一個非常有創意的朋友回憶：「結果反而有了非常豐富的內心生活。」

「一點也沒錯，」我回答：「無聊很重要。因為無聊，你得搞清楚自己**想要**做什麼。」

最後，詹米和我決定「保護孩子的空閒時間」——不讓**我們**入侵。我們希望伊萊莎「做自己」。我們希望她在家的自由時間，成為探索與選擇的機會。我很贊成作家蒙田（Michel de Montaigne）的話：「最放鬆和最自然的靈魂是最美好的，用力最少的才是最理想的利用時間方式。」

那麼，伊萊莎閒在家裡時，她會怎麼利用這些空下來的時間呢？她會自己玩西洋棋、做化學實驗、寫十四行詩，還是策畫賣餅乾好捐助給動物救援組織？都不是。她會花好多時間幫自己拍照和拍影片，然後花更多時間檢查。無論我認為她是否**應該**這樣利用時間，反正她就是這麼做了。

「你想去上個學習製作影片的課嗎？」我問她。「比方剪輯技巧、特效這一類的？你要不要去參加那個學習定格動畫的課後社團？」

「不要，」伊萊莎搖頭。「我不想跟一堆人一起學。我喜歡自己摸索，做我自己想做的。」

「那你想不想看看這方面的書？」

「好啊。」她說。我幫她買了一本在麥金塔電腦上製作影片的書。另外還有一本談自拍藝術家辛蒂．雪曼（Cindy Sherman）的書。

每天只要十五分鐘，你會發現自己的奇蹟……

打破一成不變的日常作息、嘗試新事物、去新的地方，的確會帶來快樂，但其實平日的例行公事，同樣可以帶來快樂。每天以同樣的方式做同樣的事情，其中的愉悅不應被小看。

我們每天都在做的事，自有一種美感。藝術家安迪．沃荷（Andy Warhol）說過：「要嘛一生只做一次，要嘛每天都做。無論是哪一種，都是很值得做的事。但如果你做了（比方說）兩次，或愛做不做，那就不再美好了。」

是的，「每天」都做的事，比「偶爾」才做一次的事更重要。先前我一直想為生活增加更多**好感覺**，不過這回我決定：每天要花十五分鐘，擺脫某些讓我有**壞感覺**的事情。

我首先要做的是：整理照片。自從幾個月前布置家中聖殿開始，我就一直對沒整理好的照片覺得很不安。家庭照片很重要，回想過去的快樂記憶，可以大幅增加我現在的快樂。心情不好時，去看看所愛的人的照片，也可以讓我開朗起來。相簿、紀念物、日誌這類東西，是提醒記憶的絕佳工具。看照片可以讓我們的記憶更清晰，而且會回想起照片以外的很多事情。我老是會忘記很多往事，但看照片就能幫我回想起那些早已遺忘的微小快樂細節。

現在，數位相機改變了我處理照片的方式。用我以前那台老相機時，我會拍一兩捲軟片，送去沖洗店，過兩天再去拿照片。等到照片累積得夠多，再花兩個小時，邊看電視邊把照片放進相簿裡。那些照片有的模糊，有的有紅眼，但即使如此，我還是擁有很棒的相簿。

但如今，數位相機讓我們能輕鬆拍出更好的照片——這是福氣，但也使得我們得花更多心力，才能把照片轉為永久的紀念品。我利用網路上的 Shutterfly 網站製作數位相簿，而且利用他們的編修功能，就可以消除紅眼、裁切、寫圖片說明，但這也意味我得花更多時間，而且不能像以前那樣，一邊看電視、一邊心不在焉地放照片，而是得坐在電腦前面點選、打字，就像在工作一樣。

此外，以前製作相簿是種好玩的**手工勞作**，有點像園藝、木工、烹飪、修理水電、照顧寵物、整修汽車，或是編織這類的手作活動，在很多方面都會帶來深深的滿足感：身體的動作、有形的進度、各種工具的樂趣、材料所帶來的可喜觸感。但現在透過電腦，即使是具有高度創意的動作（例如剪輯影片或設計網頁），也不能為我帶來同樣的觸覺喜悅了。

再加上，我的相機和手機裡面儲存的照片，簡直多得令人驚心。看著一排排數位照片，讓我很焦慮，因為我擔心要是電腦壞了或是軟體升級，都可能讓這些照片消失。製作成實體相簿當然也有可能被火災和洪水毀掉，但感覺上還是比較安全，而且跟我兩個女兒坐在一起翻相簿，也一定比湊在電腦螢幕前點閱數位照片要好玩得多。

我一再向自己保證，一有「空閒時間」就要製作一本相簿，但我從來沒有任何空閒時間。但現在，製作相簿是我優先要完成的事，所以我就像帶小孩去看醫生一樣，在行事曆上把這件事記了下來——每天只要「忍受」十五分鐘就好了。

從這個月開始，我會在手機上設定十五分鐘，我會每天改手機鈴聲自娛，最喜歡的是蟋蟀聲），每天下午整理照片。我沒計畫要花多少天完成，因為我知道不管我預計多久，結果都會更久。這種常見的心理現象稱為「計畫謬誤」（planning fallacy），是指我們傾向於低估一件工作要完成的時間。

我發現，當我試著督促自己去做某件事，**每天都做**就會比較容易。每天都在我的部落格上貼東西，要比一星期貼三次更容易；每天走路二十分鐘，要比有時走有時不走容易。因為不必考慮「今天或明天？」、「今天要不要算了？」，總之，沒有不做的藉口。

結果，一旦我真的動手，就發現製作相簿其實沒那麼麻煩。一開始，每天只弄個十五分鐘似乎很沒有效率。我第一天的十五分鐘，只是在刪除相機裡我不要的照片而已。把不要的照片刪掉後，我得想辦法把剩下的照片上傳。接下來幾天，我才剛搞懂該怎麼做，十五分鐘就到了，我也沒讓自己繼續做下去。到最後，我學會了用 Shutterfly 網站裡的「簡易」功能，自動把照片排好。我終於把之前的照片都整理完，做出了兩大本相簿。啊，終於點下「訂購相簿」一鍵的那一刻，我真是樂壞了！

相簿平安放在書架上後，我感覺到自己在快樂生活實驗中一次又一次注意到的現象：完成一個具有挑戰性的工作後，會讓我精力十足，可以再去對付下一個挑戰。累積的照片處理掉之後，我把目標轉向家裡那堆亂糟糟的家庭錄影帶，都是一些已過時的迷你錄影帶和迷你光碟。要處理這些錄影帶其實不必多做什麼，只要花（一大筆）錢，交給專門的店家轉成DVD就好了，但我偏偏就是拖了好多年，連這麼一點工夫都不肯做。最後，一大疊迷你VHS帶子和八片迷你DVD光碟，終於轉成了三張標準格式的DVD。

「忍受十五分鐘」的經驗讓我明白，只要我肯每天花一點時間，就可以完成很多事情。如同超級多產的小說家、同時還革新了英國郵政的安東尼・特羅勒普（Anthony Trollope）所說的：「每天做一點，只要真的天天做，就能勝過偶一為之的壯舉。」這個任務原本龐大得令人膽怯，但我乖乖每天做一點，設法完成了。而且這才明白，一旦我終於開始動手，其實也沒那麼困難。

玩樂是要用心安排的。但是：別太強求

心理學家一直想破解「個性」之謎，而「五大人格特質」理論則是近年來最棒的分析。

根據這個理論，一個人的個性，可以用以下五個元素來評估：

一、開放程度：心智聯想的廣闊度
二、嚴謹程度：對約束的反應（自我控制、規畫）
三、外顯程度：對獎賞的反應
四、親和程度：考慮他人
五、神經質程度：對威脅的反應

我去做了心理測驗，用上述五項元素評估自己，結果得分是「嚴謹度」很高。這點我並不意外，我向來準時完成工作、常常上健身房、抗拒大部分甜食、很快付帳單，我非常喜歡自己這種嚴謹的個性。

詹米也是嚴謹型的，只是未必表現在我希望他嚴謹的事情上，不過在重要的事情上，他倒是非常可靠——這是好老公的絕佳特質。

也因為我們有這種共同的傾向，彼此尊重對方的嚴謹，所以我不會催促他關電腦，當我說「星期六要去圖書館待兩小時」，他也不會有意見。我們都討厭遲到，所以常常花很多時間在機場等著登機，或是在電影院外頭等著開演。

嚴謹，讓生活中很多事情變得比較簡單，有研究顯示，這種特性可能是長壽的一大關鍵。但嚴謹也有一個缺點：我們無法隨意啟動或關閉「嚴謹」模式。我們夫妻倆都花很長時間工作，很少逛街，幾乎不喝酒；我們花很多時間在電腦前，很少度假，很少離開住家這一帶，也很少改變日常作息。儘管這種生活方式大致上很適合我們，但我也在想：我們是不是該放鬆點，享受更多開心時刻？

比方說，我不想**每天**都十點去睡覺。「過去我抗拒感官享受，但現在我反過來，不想太節制自己。」蒙田曾如此承認：「精明過了頭，就跟愚蠢沒兩樣。」我們的婚姻，該舒適平靜比較好，還是多點冒險比較好呢？假如空下一個晚上，我們應該躺在床上讀書，還是早點去睡，還是去上個烹飪課？

唔，研究的結果相當清楚：做點新鮮事，會比較快樂。我想到的是：要多跟老公一起相處。蘿拉・范德康（Laura Vanderkam）在她的著作《一六八小時：你的時間比你以為的多》（*168 Hours: You Have More Time Than You Think*）中指出，一般而言已婚且有子女的人，獨處或和伴侶在一起的時間愈來愈少。在一九七五年，每星期這樣的時間是每週十二．四個小時，到了二〇〇〇年，減少到九．一個小時。

我決定：我們要更努力玩樂。我會設法安排時間，讓兩人可以隨性做點事。但是要怎麼安排？

前面提到，我每週會和女兒一起去探險。或許，我和老公也可以做類似的安排。有天晚上，我跟詹米走在回家的路上，我提起這件事。「你知道伊萊莎和我每週都會去探險嗎？」

他點點頭。「真的很棒，你們昨天去了哪裡？」

「我們去看了一個童書插畫展，很好玩。我在想，你和我也可以做類似的事情。每個月來策畫一次探險，就我們兩個，你覺得怎麼樣？」

「你會想去哪呢？」他問：「看馬戲團表演嗎？」

「嗯，既然我們喜歡散步，可以去城裡不熟的地方走一走，或是去蘋果電腦專賣店，或是去逛書店。」

他唯一的反應就是：「嗯……」

我沒繼續往下講，因為我知道跟詹米提出一個點子，最好讓他先沉澱幾天，然後改天再提，而不是過了三十分鐘又跟他講。兩、三個星期後，有天我們正在等著要跟艾麗諾的老師面談時，我又提起這個話題。

「上次提過那個每月一次的探險，你覺得怎麼樣？」我問：「要不要試試看？」

詹米沒回頭，只是低頭看手機。我忍住沒再說話。「他真的很故意！」我心想：「他知道我最恨他不回答我，都講過多少次了？」但我提醒自己，要「正面思考」：他不是**故意的**。

我又等了好幾個星期，然後再一次嘗試。這回我先告訴伊萊莎和艾麗諾，我們會讓她們兩個自己待在家裡，因為把拔馬麻要出門一個小時辦點事。回家的路上，我跟老公說：「對了，上次說要每個月探險一次的點子，你有什麼想法？」

「什麼每個月探險一次？」詹米問。

「就是上次說的啊，」我刻意用冷靜的口吻說：「就像我和伊萊莎的每週探險，你和我一起出門玩，每個月一次。」

「感覺不錯啊，可是我們事情那麼多。」詹米嘆了口氣：「我很願意，我只是不認為我們抽得出空檔。」他一手攬住我。

「我懂。」我說。

我其實不懂，但也不想再說服他了，不想再製造嘮叨、怨恨的機會。而且老實說，老公這麼不情願，我還真有點鬆了口氣。在我們已經夠忙的生活裡再加上新活動，真是個好點子嗎？「我和老公『每週約會一個晚上』已經進行一年了，」一個朋友告訴我：「但最近約會時老是吵架，現在我們取消了，在家裡跟女兒輕鬆一下，然後早點去睡覺。」

詹米和我正處於人生的尖峰，平常已經又忙又累。如果還要加上每月一次的探險活動，感覺上像是個負擔，而不是享受，我們會無法樂在其中的。或許，等再過幾年，我會再提議一次吧。

該道歉的人是他！但是沒關係，我先……

大約就在同一個時候，我的情緒陷入低潮，就像電影《今天暫時停止》（*Groundhog Day*，片名原意為土撥鼠節，很巧，一月二日的土撥鼠節就快到了）裡的主角，困在同一天跳不出來。我已經厭倦了每天檢查每個架子，永遠沒完沒了；我清理了一個架子沒錯，但過了幾星期又塞得亂七八糟；我換掉了一個燈泡沒錯，但另一個燈泡又會燒壞；然後頭髮又長了，又得去剪了。

更糟的是，我的一些壞毛病好像從來沒改善過。一個月又一個月過去，我一再下同樣的決心，可是某些最重要的事，我發誓要表現得更好，卻老在故態復萌，老是沒做到——例如小心眼、膽小等等。我還是會兇巴巴對女兒講話，還是很怕開車。我並不珍惜當下的時光。

我的壞脾氣還是會突然發作。有天早上，我轉頭要看廚房水槽時，不知怎的忽然有一條肌肉開始抽筋，痛得要命，而且我這一天正好有一堆事情要做。詹米一如往常，聽我描述那種痛聽了兩分鐘，然後就露出一副「好吧，別讓這件事影響我們一整天」的表情。

伊萊莎說：「我要出門囉！」我們所有人都過去給她溫暖的擁抱，然後我對詹米說：「你去幫艾麗諾換衣服。我要去找止痛藥來吃。」

十分鐘後，詹米走出艾麗諾的房間，跟我吻別：「我要出門囉。」

「幫艾麗諾穿好衣服了嗎？」我問。

「她說她要自己穿。」

我朝她房間裡看了一眼。艾麗諾光著身子坐在地上，顯然在生氣。

「**那樣**叫做自己穿？」

「我得趕去上班了。」

我擺出又臭又怒的臉，「那就去啊！」我大吼。

他走了。

接下來一整天，我無法忘記自己的大吼。我脖子好痛，覺得自己吼得理直氣壯，但是我很清楚：這一吼只是讓一切更惡化而已。我想道歉，但我認為詹米才該跟我道歉。

結果他沒道歉。

那天晚上我們的互動像沒事一樣，但我卻感覺好糟。花了好大的力氣，我終於開口：「嘿，今天早上的事，對不起，我當時很煩，但沒必要那樣兇你。」我們擁抱親吻。

「沒關係。」詹米好像根本不在意我的大吼，也不在意他自己犯的錯。這讓我心裡那把火又燒了起來：他根本沒**發現**我在不爽？也不記得他根本活該被吼？

我好無力，覺得自己無論再怎麼努力，都無法得到期待中的肯定。就像聖女小德蘭曾有的感慨：人們往往忽略良好行為，卻對壞行為不肯放過。「當一個人盡自己的職責，別人通常不會注意到；但若是稍有缺失，就立刻會被發現。」不僅如此，我也覺得自己快被快樂生活實驗給逼瘋了。我厭倦了自己的聲音、自己的思考方式（例如我會一再買同樣的衣服），我的思緒老是落入同樣的舊軌道。

於是，我拿出平常慣用的快樂療癒錦囊：早點去睡覺，重新閱讀童書《鐵路邊的孩子們》（*The Railway Children*），回了幾封拖延許久的電子郵件，幫伊莱莎和艾麗諾拍了幾張可愛的照片，特別溫暖地迎接每個家人或道別。我的目標之一就是「忘掉結果」，不為任何目的而做筆記，所以我放自己一個假，暫停工作，列出一份我違背快樂守則的清單：

- 詹米和我的臥室裡有電視，而且還換了一台螢幕更大的。
- 我們讓伊莱莎獨自在她臥室裡用電腦，沒有在旁監督。
- 我早上幫兩個女兒鋪床，而不是堅持要她們自己動手。
- 我從不問家人「告訴我三件你今天發生的事」這類的問題。
- 我晚上從不曾跟詹米去約會。
- 我沒讓兩個女兒寫感謝信。
- 隨時只要可能，我會邊吃東西邊看書。
- 詹米和我聽了一整晚的新聞電台。

・我拒絕嘗試冥想。

在這段低潮期，我和一個學究型的英國朋友吃了頓午餐，聊起讀什麼書可以鼓舞自己。

「約翰生博士的書。」他說。

「真的嗎？我也是耶！我要不是看約翰生，就是看童書。」我回答，很高興發現一個喜歡約翰生博士的同好：「我居然不曉得你喜歡他。」

「我看過他的所有作品，而且看了好多遍。還有他的傳記，包斯威爾（James Boswell）寫的那本。」

「我好愛他的書，百看不厭，他是我寫作上最重要的榜樣之一。」

「你也在編寫字典？」他問。

「才不呢！可是他《漫步者》（*Rambler*）裡的那些散文，就等於是十八世紀的部落格——約翰生一星期寫兩篇，談任何他想談的主題，下筆很快。我也在寫類似的東西。」

「可是約翰生寫的主題都好有分量。」

「我有興趣的是他筆下的人性，」我說：「還有日常生活的實踐。」

「聽起來我們有點太老派了。」他笑著說。然後我們互相交換我們最愛哪些約翰生博士的名言。

「我想現在就跑回家，再讀一次包斯威爾的《約翰生傳》。」起身道別時，我這麼說。

「我也是。不過我得回辦公室。」

他回辦公室，我則是回家並立刻開始重讀《約翰生傳》——感覺的確好過多了。我回想起約翰生博士、富蘭克林、托爾斯泰、聖女小德蘭這些偉大的靈魂，終其一生都一再重新下定種種決心。如同約翰生博士向包斯威爾承認的：「你真的這麼不了解人性，不曉得有的人可能由衷相信好原則、卻沒法好好實踐嗎？」嗯，我的原則很好，我的實踐也會隨著練習變得更好。

那天下午，我們夫妻倆為了要不要送伊萊莎去上鋼琴課而討論半天，結果她走進廚房，說：「我想學吉他。」

「啊？」我說：「好！沒問題！」

| 2 月 |

冰封池塘的氣息中，茶玫瑰綻放

用感官體會居家樂趣

快樂、知識，不在他處，而在此處。
——惠特曼《草葉集．職業頌》
（Walt Whitman, A Song for Occupations, *Leaves of Grass*）

- ◆ 擁抱好氣味
- ◆ 不要彼此打擾
- ◆ 製造小小的慶祝活動
- ◆ 跳一跳

每回踏入家門，**家的感覺**——從各種氣味到與家人打招呼的方式，還有眼前的凌亂——會迎面襲來。家是一種心理狀態，也是一種身體經驗。這個月，我想把實驗重點放在：身體。經驗是要靠「體」會的，我常常這麼告訴自己。

有天晚上吃過飯，我幫艾麗諾用心形貼紙、銀色亮粉、花俏的字母貼紙裝飾一個情人節盒子。我忽然想到：在某種程度上，孩子讓我快樂，是因為她們「逼」我更深入參與這個實體世界。否則，我只會渾渾噩噩地茫然度日，每天只顧著閱讀、寫作，晚餐只會吃麥片果腹。伊萊莎對柔軟絨毛毯的喜愛，艾麗諾品嘗棉花糖甜味的歡欣，黏土的質地和顏色，還有那些香水彩色筆與散置在廚房裡面的絨毛鐵條玩具——有了兩個女兒，我才更能注意到這些日常生活的喜悅和體驗。

在上一次的快樂生活實驗中，我曾擬定一些與身體相關的決心事項，比方「早點去睡」、「多運動」、「表現得更有活力」，最後也發現自己的快樂和活力大為增加。因此，這個月我要採取類似的方式，專注在以身體影響快樂。把身體視為快樂的基礎，有著扎實的研究做後盾，不過我沒有那麼信賴研究的結論了。首先，我長期閱讀這類研究，看到了種種科學結論的大幅改變，還有各種互相矛盾的結果——運動真的能讓人更快樂，或是只因為比較快樂的人更可能運動？其次，我看到了一些很有問題的論點，例如根據某些快樂研究者的說法，孩子無法讓父母更快樂；然而，以我的經驗（而且我相信大部分父母都會同意），孩子的確是一大快樂來源。

現在，我閱讀科學相關資料的態度，就跟我閱讀小說、哲學、傳記差不多：從中吸收有關快樂的新知和新想法。科學可能很有啟發性，尤其是不同於傳統觀點或提出新元素時，但我現在會更謹慎，會用自己的經驗去測試這些想法。

我將這個月（二月）的主題訂為「身體」，思索這個月的目標時，我希望能特別用心在自己實際體會到的經驗，不是毫不思索就接受他人的理論或觀點，而是從實際經驗中留意，發現對我有用的方式。

快樂會影響嗅覺，嗅覺也會影響快樂

用心，是快樂不可或缺的美德。但遺憾的是，我不是個細心的人。不過當我試著更用心，留意自己一天中所實際經歷過的快樂與不快樂片段，我發現：原來很多小事情都影響了我，而我自己卻根本沒意識到。

比方說：我的嗅覺。

讓我注意到這件事情的，是艾麗諾。她的鼻子很靈敏，常會對一些氣味有開心或厭惡的反應，而我以前幾乎從沒注意過有那些氣味。我還記得幾年前，有一天我推著嬰兒車走在萊辛頓大道上，她的小臉蛋好奇的回頭：「媽咪，那個好好聞的氣味是什麼？」一臉開心地問我。那是紐約街頭常見的糖炒堅果攤子 Nuts 4 Nuts 所發出的氣味，而我卻從來不會對那些推車攤多看一眼，但艾麗諾沒錯，堅果的氣味棒極了。有好幾年，每回我們帶她坐上汽車，她就會哭，因為她很討厭汽車裡的氣味。另外，她向來不肯去中央公園動物園裡那個有臭味的企鵝屋。

艾麗諾的反應，讓我對氣味的力量好奇起來，閱讀資料時也發現很多有趣的故事。比方說，我很驚訝地得知，人類的味覺是天生的，但嗅覺反應卻是後天學習而來——也就是說，什麼好聞（玫瑰）或不好聞（腐爛的肉），都是我們學來的。一般人可以辨認並記憶大約一萬種氣味。在充滿某種特定氣味的環境下，幾分鐘後我們就適應而聞不出來，要離開幾分鐘後，才能再聞到。儘管我們常常低估嗅覺的重要性，但喪失嗅覺的人常常會變得憂鬱，他們會失去對食物和性愛的興趣、失眠，也會覺得跟其他人很疏離。最讓我感興趣的是：快樂與否會影響嗅覺，而嗅覺也會影響快樂。聞到中性的氣味，比方藥用酒精，心情好的人會比心情壞的人覺得好聞，而且不會像心情壞的人那麼煩躁。此外，聞到令人愉快的氣味，有助於緩和焦慮，並增加對疼痛的忍受程度。

特定的氣味可以喚起強烈的回憶。最有名的例子，就是法國小說家普魯斯特（Marcel

Proust），他聞到並嘗到瑪德蓮蛋糕蘸椴花茶，想起了遺忘已久的回憶。事實上，這些被嗅覺所召喚、因而不自覺湧現出來的鮮活記憶，就是所謂的「普魯斯特式回憶」。「不論我身在何處，」詩人波赫士（Jorge Luis Borges）曾寫道：「只要聞到桉樹的氣味，我就又回到阿德洛葛那個消逝的世界——那世界如今無疑只存在於我的記憶中。」我喜歡爆米花的香味，會讓我想到我母親；也喜歡蠟筆的氣味，會讓我想到童年。一個朋友提到她最近一段普魯斯特式回憶的經驗。「走在上班的路上，有個經過我身旁的男人擦了黑色德卡（Drakkar Noir），那是我前男友習慣擦的古龍水，害我一整個早上都毀掉了。」

閣樓裡的烘焙、木頭、辛香氣息，保存了家的記憶……

一旦我意識到氣味的力量能影響情緒，以及對我的耐力和愉悅的重要性，我就決心要「擁抱好氣味」。

首先，我被瑞秋・赫茲（Rachel Herz）那本引人入勝的書《氣味之謎》（*The Scent of Desire*）所吸引，書中提到迪米特香水公司（Demeter Fragrance）所製造的自然派、與眾不同的香水。我上網找這家公司，很驚訝他們生產的商品：竹子。潔淨之窗。灰塵。波本威士忌。雪。青草。自助洗衣店。紫丁香。冰封的池塘。梔子花。紐西蘭。蒸氣室。

一開始我嚮往地想：「真希望可以實際聞到其中一些。」然後我才想到——我可以啊！因為平常習慣買太少，我還得提醒自己，沒錯，我可以買東西。我知道兩個女兒也會喜歡那些氣味。

我開始上網，把好幾種不同氣味的香水放入購物車裡：營火、純皂、含鹽的空氣，還有保加利亞玫瑰——因為我喜歡玫瑰的香味，而且玫瑰是我快樂生活實驗的幸運圖案。某個週末，包裹寄到了。「快來！」我喊著伊萊莎和艾麗諾：「來聞聞這些氣味！」

我們試聞了不同的香水，相互猜是什麼味道。但是，還沒全部聞過，我們就不得不喊停，因為艾麗諾開始嚴重頭痛。她以前從沒抱怨過頭痛，所以我有點擔心，然後才明白過來：艾麗諾的嗅覺超級敏感！她剛剛在一個小時內聞到好幾種強烈的氣味，難怪會頭痛。

我向來對所謂的「空氣清新劑」沒什麼好印象，但還滿喜歡這些香水的。有了它們，我的書房聞起來像聖誕樹。雖然我無法在門口弄個營火，但現在我隨時都可以享受那氣味。

我喜歡這些香水，但該拿它們怎麼辦？收到櫃子深處好像很可惜，而且感覺有點雜亂。

然後我決定：布置一個「香水聖殿」。於是我在一個近便的書架上清出一格，把香水瓶放上去。我後退檢視，覺得效果不怎麼樣，然後想起先前用過的一招：放在托盤上，任何東西看起來都會比較漂亮。於是，我從櫃子裡找出一個銀托盤，放在那格架子上，然後把香水瓶布置好。這麼一來，看起來就很有「香水聖殿」的樣子了。

我跟一個朋友炫耀這個聖殿。「都是**假的**氣味啦，」她說：「只是一堆化學合成品而已。」

但這並不怎麼困擾我，我只是想讓自己學習留意生活中的氣味。我開始發現，生活中處處有香氣：幫艾麗諾擦嬰兒乳液時，那是我最喜歡的氣味之一；伊莱莎最近用的那瓶洗髮精是「夏威夷椰子與蘭花」香味；詹米漿過的襯衫散發出的澱粉、男性氣味；我們公寓大樓的大廳氣味。在隆冬時節，我會把臉埋在烘乾機裡剛取出的毛巾裡，享受那種溫熱的、乾淨的芳香。

還有什麼方法，可以增加我生活中的好氣味？我把自己以前買的香水拿出來，我好愛阿蒂仙之香（L'Artisan Parfumeur）茶玫瑰的那種強烈香氣，我大四那年都擦這種香水。接著我發現，那瓶潘海利根（Penhaligon）的鈴蘭香水已經失去香氣，我省著不用太久了。精緻的信紙，新的白色T恤，還有我母親給我那些漂亮的日本紙盤——我為什麼要省著不用？我應該用掉，享受它們既定的用途。我也應該擦我的香水，畢竟，我現在沒在大辦公室裡面跟其他人一起工作，也沒搭擁擠的電梯，沒有人會受到干擾。我甚至開始在睡前擦香水。

匆匆走過廚房，我停下來聞一下葡萄柚強烈而甜美的氣味。這讓我想到：**宜人氣味所帶來的愉悅，有種簡單的本質——不必花什麼成本，不需要其他人合作，不會增加你的熱量，也不必事先計畫或花時間去享受**。透過氣味，我也提醒自己要留意當下，留意我的種種記憶。我好想再聞一聞，娘家那棟老房子閣樓裡的烘焙、木頭、辛香氣息。

不要打擾家人，也請家人不要打擾你

我在工作或閱讀時，常會被家人打擾，也因此被搞得心情很糟。我討厭思緒被打斷，或是工作到一半要停下來。每次伊萊莎或艾麗諾跑到我書房，我總是會「講話好兇」（伊萊莎是這樣說的），搞得大家心情都不好。所以我常跑到附近的圖書館和咖啡店寫稿，在那些地方，我才能有一種專注的美好感覺——重點不在**獨處**，而是**沒人打擾**。

身為一個不喜歡被打擾的人，我很慶幸能獨自工作。研究顯示，當一個人的專注狀態被打斷（即便只是很短暫），通常需要至少十五分鐘，才能讓注意力再度集中。於是我想到聖女小德蘭，面對外界的打擾，她提醒自己：「因為對上帝和修女們的愛，我要強迫自己表現得快樂，要展現**真心感到快樂**。」

那麼，當我被家人打擾時，我該怎樣表現得快樂，且更重要的是，要**真心感到快樂**呢？我的十二條快樂守則裡，其中一條就是「把問題弄清楚」。我發現，這條守則真的管用。與其讓自己陷入苦惱中不能自拔，還不如試著釐清：「問題出在哪裡？」逼迫自己去了解問題的真正本質之後，我通常也能找出解答。

女兒跑來我的書房，總是被我兇巴巴對待。我問自己：「問題出在哪裡？為什麼我會對她們那麼兇？」

「因為當我專心做一件事卻被打斷，我會很氣惱。」

「那為什麼不乾脆禁止她們來書房？」

「我**喜歡**她們來書房。我只是不喜歡被她們打斷而已。」

於是，我找到解答了，很簡單：女兒應該先**敲門**！如果你是很重視禮貌的母親，一定早就教孩子先敲門，但我從來沒想到要訂這個規矩。

「大家聽我說，」我在早餐時宣布：「我知道你們每次來我書房找我講話，我的臉色都不好，你們一定很難受。我很抱歉自己那麼兇，不過我真的很喜歡你們來找我。所以我們來試試這個做法：當你們來書房找我時，要先敲門。或許這樣能幫助我不再那麼兇。」

「那如果我們忘記敲門呢？」她們異口同聲問。

「盡量記得就是了。我們來看看能不能有改變。」

讓我驚訝的是，兩個女兒，甚至詹米，全都立刻接受，很快就養成了習慣。尤其艾麗諾，非常喜歡這個新規矩。有時她敲完門，聽到我用很甜的口吻說：「請進！」她會充滿期待地問：「如果我沒先敲門，你會不會又用那種很兇的口氣講話？」

訂下這個敲門規矩後，大幅改變了我的日常生活。不知怎地，敲門這個小小禮貌，讓我改變了自己回應的方式，也讓我們全家更添快樂。

光靠「嗯，嗯」，是絕對不能培養感情的

訂出敲門的規矩後，我突然想到，或許我也該給老公某種「敲門」的禮貌。

婚姻專家高特曼（John Gottman）的作品《關係療癒》（*The Relationship Cure*）中強調「回應」另一半「邀請」的重要性；當伴侶的其中一方提出「邀請」——以碰觸、提問、手勢、評語、眼神，試圖跟對方接觸時——另一方應該給予語言、笑聲或者某種代表「我知道了」的回應，而且若能表現出專注且幽默就更好；相反的，不回應、挑毛病、諷刺，則會對感情關係帶來傷害。

這意味著，假如我和老公能更專注回應對方，婚姻就會愈穩固。根據研究，快樂已婚人士平均每小時「邀請」另一半的次數，會比不快樂的夫妻多，不回應對方「邀請」的機率也低——快樂的老公只有一九%的時間會忽略妻子的邀請，而快樂的妻子更低，只有一四%的時間會忽略老公的邀請。至於在不快樂的婚姻中，老公有八二%的時間會無視妻子的邀請，而妻子則有五〇%的時間無視老公的邀請。研究顯示，如果父母不回應孩子的邀請，孩子的社交技巧發展會有問題，學業成績也會受影響，健康上的毛病也會比較多。

面對另一半的「邀請」，有些夫妻往往會置之不理。所謂置之不理，有時是完全不回應（老婆問：「你今天上班還好嗎？」老公沒回答），有時則是牛頭不對馬嘴的回應（老婆問：「你今天上班還好嗎？」老公說：「你打電話給水電工了嗎？」）高特曼指出，有時夫妻的確會故意不理會對方，但其實最常見的不回應原因，是心有旁騖，例如正在閱讀、看電視、寫電子郵件、忙著要完成某些事。他們往往沒意會到，忽略另一半的邀請，會讓對方很受挫。

這種情況我最熟悉不過了，詹米就是常常忽視我邀請的那種人。我相信他不是故意沒禮貌，而是……反正他就是這樣。

於是我想到第六條快樂真理：我唯一能改變的人，只有我自己。我能做些什麼來改變**我的**習慣，進而協助詹米改變**他的**習慣呢？先前的敲門實驗成功之後，我決定看自己能不能給詹米另一種「敲門」，讓他願意回應我的邀請。

「嘿，你能不能先把手機放下？我有事要跟你談。」

「好啊。」他說，然後繼續滑手機。

「不，真的，我希望你認真聽。」我伸手過去，敲敲他的手機螢幕（這就是我的敲門）。他放下手機，露出一副很有耐心的表情。「當然沒問題，怎麼了？」

「有個人在我的部落格上寫了一些很討厭的話——不惡毒，但是很討厭。」

「所以……？」

「沒什麼大不了，我知道，但是讓我心情很糟。」

「這個人說了什麼？」

「我念給你聽。」我邊說邊打開筆電。

> 有人送了我葛瑞琴·魯賓的書《過得還不錯的一年》。恐怕我得說些刺耳的話。我覺得她似乎只想整天閱讀或寫作，於是老在發明一堆計畫，以便理直氣壯地繼續這樣下去，還能稱之為工作。這些計畫讓她吸引旁人的注意，得到很多讚美，而且犧牲了她身邊的家人——她滿口承認自己常常生氣或埋怨這些家人，因為他們打斷了她的「工作」。她也認為跟她無關的談話內容很無聊。以我看，整本書的大部分內容，還有她的整個部落格，都只是清楚顯示她不成熟又令人討厭！

「就這樣？」詹米一派輕鬆的說：「大概有一百萬人在你的部落格上留過好話了，別理這則就好啦！」

「嗯，根據負面偏誤理論，負面互動對我們的影響，要比正面互動強烈得多。我知道自己不該為了一個人的批評影響心情，但我還是很在意啊。」

「嗯，這不就是你**想要**的嗎？你想和世界分享你的想法，聽聽大家的反應。你也知道，你所做的事情不見得每個人都喜歡。」

「這樣講也沒錯，」我承認，我有點懂了。「所以，」我問：「你不會覺得我不成熟又令人討厭？」

「不會啦——在大多數情況下，」他微笑，闔上我的筆記型電腦：「真的，別為這件事煩心了。」

這段對話讓我寬心許多。因為我提醒了詹米：好好回應我，對我很重要，也讓他的回應更恰當了。我不得不承認，其實**我**對他的邀請，也沒有回應得很好，光是眼睛盯著書報，嘴巴咕噥著「嗯，嗯……」，是絕對不能培養出親密感和深情的。

小小的慶祝活動，能帶來人生大大的滿足

有回跟一個朋友碰面喝咖啡，她問我正在忙什麼，我講了有關家的快樂生活實驗，也大

致提了一些決心事項。

「你覺得，我還漏了什麼？」我總是在尋求建議。

「寵物！」她說：「你們該養隻狗，你女兒一定會很喜歡。」

「這個嘛，」我猶豫了：「我們那棟公寓好像不准養寵物。」實情是，我不想要寵物，想保持簡單。不過她說得沒錯，研究顯示養寵物會讓人更快樂，甚至更健康。美國有將近六成的家庭養寵物（通常是貓或狗），而且寵物對家庭的氣氛有很大的影響。我小叔家裡養的貓死掉時，就收到好幾張朋友的慰問卡。

「真可惜。那用餐時間呢？」她建議。「用餐時間對快樂的家庭生活重要極了！」

「用餐時間？」我說：「我沒怎麼想過這一點。」當然，吃是生活中至關重要的一部分，但我對吃這檔事一直沒什麼特別興趣。

「你真的應該在這方面花點工夫，」她說：「畢竟，不是有很多研究指出，如果全家人習慣一起吃飯，小孩在學校的表現會比較好，會更守規矩、不吸毒，諸如此類的。不要小看了吃飯這件大事，一定有一些方法，可以讓全家人更惜福、關係更緊密。」

「你說得對，我來好好想一想。」我口頭上這麼說，心裡卻沒什麼把握。

倒是二月十四日情人節，讓我想到一個很棒的點子，可以開啟全家一起用餐的傳統。對我來說，保持某種傳統，是家庭的重要任務之一。家庭傳統以一種快樂的方式標記時間，也給人一種期望與延續的感覺。研究顯示，很多傳統與儀式，都能增進生理與情緒上的健康。

不過，雖然我喜歡傳統，卻不喜歡麻煩。光是我們家本來已經在慶祝的一些傳統大日子，我都快應付不來了。例如女兒的生日是在二月，為她安排一個小派對，就已經耗掉了我可觀的精力和時間。究竟有什麼辦法，可以讓我既享受更多傳統所帶來的樂趣，但又不會太麻煩呢？

正好，這個月有情人節，我想到一年前，剛好在二月十四日去了一個朋友家暫訪片刻。「這怎麼回事？」我進門時，看見他們家的餐桌上全是醒目的紅色和粉紅色。

「抱歉這麼亂！今天是情人節，所以我們吃了一頓節日早餐。」

「什麼早餐？」

「我們有四個小孩，年紀差很多，每個人的作息時間也不一樣，實在很難聚在一起吃晚餐。所以遇到有些節日，我都會安排一頓節日早餐。」

我仔細看餐桌，擺設很簡單但充滿節慶氣息，有心形餐墊、紅色蠟燭，還有一些印著字的心形糖果。

「這點子太棒了！」我告訴她：「我好喜歡！你到底是怎麼準備的？」

「我買了些節日餐墊、鮮花、裝飾餐桌的用品，都不貴。又買了一些糖果、一些小禮物。」她拿起一本心形便利貼。

「我也要這樣做，」我告訴她：「我要依樣畫葫蘆！」

於是二月十四日清早，趁著其他人都還沒醒來，我拿出心形紙盤，把吐司麵包切成心形，塗上我染成紅色的花生醬，還在窗子上布置了心形裝飾品，同時也在餐桌上放了一些心形蠟燭。

伊萊莎樂極了。艾麗諾當場似乎興趣不大，但一到幼稚園，就興奮地告訴同學和老師她剛剛吃過一頓「特別早餐」，還仔細描述我做的每件事。顯然，這頓早餐給她的印象，比我原來想像的要深刻得多。

我在行事曆三月十四日的那個星期記下：「記得為聖派屈克節裝飾。」那會是我下一個歡慶節日早餐的機會。這種慶祝活動，會讓某些日子更令人難忘。上學日的早餐總是印象模糊，一下就忘掉了，但小小的慶祝活動，可以凸顯某些日子。此外，大節日的籌備工作是個大工程，對於像我這樣的人來說，能夠以輕鬆應付的方式慶祝一些小節日，真是太令人滿足了。藉著這些小心思，我可以選擇過更寬廣的人生。

跳一跳，你會更有活力

對我來說，增進快樂最管用的招數之一，就是：「表現出我想要的感覺。」我一再發現，只要我表現出愛意，就會覺得自己充滿了愛；如果我表現出歡樂，也就會覺得歡樂。

有天早上，我在艾麗諾的幼稚園門口等待時，看到一個媽媽在走廊上輕輕蹦跳了幾步，那個不自覺的肢體動作所產生的活潑魅力，令我印象深刻。我的雙腳很少離開地面。我的運動方式主要是健身腳踏車、健身爬梯機、瑜珈，還有重量訓練。我每天都走路，但幾乎從來不爬樓梯，地上有積水我也從來不會跳過。

當時，我立刻想到：我的生活需要更多的**跳躍**——我得像在腳上裝彈簧似的，每天「跳一跳」。

攝影師哈爾斯曼（Philippe Halsman）的作品，就散發出跳躍的魅力，他的照片曾登上一百多期的《生活》（*Life*）雜誌封面。他拍人物照時，會要求一些名人跳起來，比如前總統尼克森、影星瑪麗蓮·夢露、作家史坦貝克，以及溫莎公爵夫人。看到這些照片，就會令人精神一振。

每一天，只要一想到，我就會跳一跳。我會很蠢地亂跳，惹得兩個女兒大笑；前往藥妝店的路上，我會偷偷邊走邊蹦跳一下；我會在書房原地跳；還會在早上起床後做展體跳躍；下樓時，最後幾級台階我也用跳的。這種很搞笑的跳躍方式總讓我覺得很開心，而肢體動作的活力，也讓我覺得自己更有活力。活力創造出活力。

第一次嘗試針灸就快樂

我在寫約翰·甘迺迪的傳記時，讀到他對自己助理鮑爾斯（Dave Powers）的評語，曾令我印象深刻：「我的行動對他影響太大了，因此我會減少自己與人會面的次數，簡化生活，而且安排得井然有序，免得自己老是快要發脾氣。」我沒當總統，但我也常常發現自己老是快要發脾氣，同樣的，我也希望更能控制自己。

這些年來，各路朋友都跟我談過針灸治療的經驗，但我從來沒太注意。雖然我的脖子偶爾會難受，但我沒有任何慢性疼痛，也從來沒有特別的理由要去試一下針灸。

然而，有天早上一個朋友剛好提到她有多愛針灸，勾起了我的好奇心。「你真的去針灸了？」我驚訝地問。她平常是個懷疑論者，對於另類療法（話說回來，針灸療法現在已經很普遍了，所以其實不算太「另類」）沒什麼興趣。

「對！效果非常好。我現在每個星期去一次。」

「為什麼？」

「嗯，我當初會去是因為失眠。」

「喔。」

「結果針灸改善了我的失眠，還能幫助我更平靜。我精力太旺盛，思緒轉得很快——感覺上我好像必須同時做三件事情。去針灸後，我還是精力旺盛，但做事有條理多了，可以坐下來讀一本書，也比較不會衝動做決定。」

「針灸會痛嗎？」

「針刺進去的時候會有點感覺，但一下就過去了。」

「要扎幾根針？」

「不一定，少則八根，但上回我大概扎了二十五針。要看狀況。」

「你真的覺得有用嗎？」

「第一次去時，可以感覺到有種像是電流的東西在我全身搏動。現在我大致上就是覺得更舒服、更平靜了。」

「知道嗎，」我說：「我也想去試試。」

「如果你需要資料，再跟我說。」

或許針灸會是另一種自我調整的工具。我想像那是一種人體調節器，一種調整和校正的方式，能讓我有更好的表現。幾個星期後，我預約了去做針灸治療。地點在一棟大樓裡，候診室跟我想像的一模一樣，裡頭掛著鈴鐺、擺了一尊佛像、一捲掛軸，茶几上放著一座禪園的縮景模型——同時，還有個不太搭調的金屬秤，就像健身房裡頭的那種。

我填了一份冗長的初診表格，從我的飲食習慣到家族史，以及我是不是有「感覺沉重」或「思緒不清」的困擾。從那些問題，我猜想很多人來針灸是為了治療不孕、消化問題、肌肉痠痛或壓力，我最後勾選了「促進整體健康」。

表格填妥交出後，我進入治療室。針灸師助手幫我量了血壓，這個標準的西方醫學程序，跟這間牆上貼了三張穴位圖、角落掛著水晶的診療室，似乎不太搭調。

接著針灸師一陣風似的翩然進來，是個健談的年輕男子，氣質很像大學預校生。他先幫我的四肢把脈，又看了看舌頭上下，然後跟我解釋說，根據針灸的醫理，我的肝臟和腎臟需要調整。我其實聽不太懂他的解釋，只是一心擔心著扎針會不會痛。

診所助理偷偷跟我說，這位針灸師綽號叫「蝴蝶指」，保證扎針不會痛。其實也真的不痛，只是我不懂，為什麼要扎在我的左耳頂端。針看起來很細很輕，而且比別種針有彈性。他扎到第十三根，我就沒再算下去了。

扎針時，我們稍微聊了一下，主要是聊天氣。我心想：額頭、耳朵，還有身上其他地方一邊扎著針，還一邊在交談，真是好奇特的感覺，但針灸師當然不在意。

「關於我們討論過的毛病，我建議你一種藥草補充品，會有幫助的。」治療完後他告訴我。「另外你還可以考慮靈氣療法和指壓。我們這裡也有提供服務，當然你也可以到別家。」

「好，」我回答：「我考慮一下。」

「如果你想持續治療，大約一個星期後再過來。」

「好。」

出去的路上，以及接下來的那個星期，我一直猶豫著要不要再回去治療。只去一次就足以判斷嗎？大概沒辦法。而且我無法講清楚自己想達成什麼目標。比方說，如果我是因為脖子痛去針灸，就會知道是不是有幫助，但這回的治療，對我的「整體健康」有幫助嗎？我實在沒感覺。

我做了一些功課。關於針灸療效的研究不是很有說服力，另外也暗示如果有效的話，大部分是因為「安慰劑效果」的心理作用。話雖如此，但安慰劑通常很有效，尤其是主觀成分居多的小病或疼痛。唔，如果我認為好一點，我的確就會覺得好一點。但如果我不認為好轉，結果也就會如我所想的。

除了科學觀點，我也考量了自己的經驗。針灸治療要花錢、花時間，假如我想增進「整體健康」，或許該把同樣的錢和時間花在按摩上。我很喜歡按摩，但通常只有度假時才會享受這種服務。研究顯示，按摩可以降低壓力荷爾蒙，加強免疫力。多去接受按摩不光是更有益健康，也是個絕佳享受。或者我可以把那些時間拿來運動，運動能提振我的心情，也是健康的關鍵。我不確定針灸的效果，但我倒是**確定**按摩或運動可以讓我更快樂。

仔細想想：你真的沒有其他選擇嗎？

月底，我在一篇有關快樂的文章裡讀到這句話：**快樂不是你可以直接追求的目標，而是生活過得好的間接結果**。這個說法有許多備受尊敬的擁護者，比方小說家喬治·歐威爾（George Orwell），他曾寫道：「不要假設人生的目標是快樂，才能真正得到快樂。」另外還有哲學家約翰·彌爾（John Stuart Mill），他寫道：「問自己是否快樂，你就不會快樂了。」英格蘭作家赫胥黎（Aldous Huxley）也說：「有意識地追求快樂，並不能達到快樂。通常快樂是其他活動的副產品。」另外一段作者不詳（有人說是霍桑〔Nathaniel Hawthorne〕）的話，則是：「快樂是一隻蝴蝶，你去追牠時，總是抓不到，但如果你安靜坐著，牠可能會停在你身上。」

但老實說，我非常不同意這些說法——反駁這些可敬的人物，真是太斗膽了。「**直接**追求快樂，」我曾經問朋友：「跟**間接**追求快樂，有什麼不一樣？」

有人這樣回答：「我從來不直接尋找快樂，我尋找的是成就和意義。」

「一點也沒錯！」我回答：「直接追求快樂的人，採取的是一樣的做法。」

另一個朋友說：「追求即刻滿足、消費主義的生活，並不能得到快樂。」「是的！」我說：「但有誰真的以為，老是過著放縱的生活，會得到真正的快樂？」沒錯，有些人選擇過那樣的生活，但不是因為他們真的相信那是通往長期快樂的途徑。即使是那些散播消費主義的廣告主，也會設法為產品打造更深層的價值，例如昂貴浴鹽的廣告會以健康和寧靜做訴求，手機廣告會強調要與朋友和家人更緊密，汽車廣告則強調安全和可靠（或是相反的，以自由和冒險為訴求）。

小羅斯福總統夫人（Eleanor Roosevelt）曾說：「快樂不是目標，而是一種副產品。」但我認為：快樂是目標，也是副產品。直接追求快樂所採取的行動，跟間接產生快樂的活動，並無二致。

在快樂這件事情上，虛假的選項似乎特別誘人。一個讀者曾寫信給我：「我該為了尋找真正的快樂，冒著失去一切的風險辭去工作，還是繼續原來的工作，繼續覺得不開心？」呃，我心想：你真的只有這兩個選擇嗎？這種虛假的二選一很常見，但其實我們面對的，未必只有這兩種不完美的選擇，而是一些簡單的可能性，比如：

- 可以擁有少數幾個親密的朋友，也可以擁有一堆膚淺的交情。
- 可以現在就跟這個人結婚，或是接受自己可能永遠不會成家的事實。
- 工作可以為了追求自己的快樂，也可以為了成全別人的快樂。
- 保持真心和誠實，比保持正面和熱情更重要。
- 可以過著有趣的生活，也可以過著快樂的生活。
- 不想住在雜亂的垃圾堆裡，就要學會斷捨離。

儘管虛假的選擇可能讓人安心，卻會讓我們覺得受困，看不到其他的可能性。劇作家麥可・弗萊恩（Michael Frayn）在他那本描寫快樂的小說《登陸太陽》（*A Landing on the Sun*）中寫道：「快樂這個想法，就像行星系統中心的太陽——耀眼到你無法直視。」因此我認為：**直接**思考如何能更快樂，可以幫助我們找出更多讓自己快樂的方法。

｜ 3 月 ｜

與更多家人擁抱

回到我們的原生家庭

他就像是擁有一片土地，卻不知道裡頭埋藏著寶藏。
——德拉克洛瓦《日記》（Eugène Delacroix, *Journal*）

- 進門前，來一場感恩小儀式
- 跟父母進行難以啟齒的談話
- 策畫美好的小驚喜
- 與兄弟姊妹攜手合作

這一天，艾麗諾幼稚園班上剛好為了他們入學的第一百天，舉行「慶百日」活動。幼稚園的時光過得好快啊！對我來說，彷彿才剛開學沒多久。詹米和我一起去幼稚園參觀教室裡布置的「一百博物館」，裡頭展示著每個小孩的一百個物件。

「詹米，你看，」我指著說：「那是艾麗諾收藏的珠子，看看她的簽名。」她仔細地為自己的作品寫了個標籤。

我收及了一百個朱子，分成十組，每組十個。

——艾麗諾

在我的生活中，快樂的最重要元素，就是跟家人在一起的時光。但除了詹米、伊萊莎、艾麗諾，我還有別的家人。

我向來跟父母凱倫與傑克很親，雖然現在我住在紐約，遠離了堪薩斯城的娘家，但他們仍一直給予我安心感和好建議——我真的很幸運，因為我一向非常仰賴他們的意見。我喜歡回堪薩斯，也喜歡他們來紐約玩。至於詹米的父母——我的公婆——茱蒂與鮑伯，也在我的生活中扮演重要的角色。我跟詹米的父母處得很好（這點也很幸運），因為我每星期至少都會見到他們一次。

我從研究得知，一般人與配偶的家人之間，有三個最重大的壓力時間點：一，是剛結婚、兩家人見面時；二是第一個小孩出生時；三是公婆或其他家庭成員生病或是需要照顧時。幸好，我已經平安度過了其中兩個。

我和妹妹伊麗莎白的感情，也是我人生中最重要的人際關係之一。她、她先生亞當、他們一歲大的兒子傑克住在遙遠的洛杉磯，所以我無法常常見到他們。自從搬離堪薩斯城，我和老妹兩人就從沒住在同一個城市過。

對很多人來說，手足之情是持續最久的感情關係。在一份針對大學女生的研究中，受訪者指出，從自己最親密的手足所得到的情感支持，就跟從母親處得到的一樣多。

我以前一直認為，自己有典型的「老大姊」性格，伊麗莎白則是典型的「老二」個性，儘管一般相信出生順序會決定成年的性格，但很多研究顯示，沒有什麼證據顯示出生排行與一個人的性格有關。我自己的研究則顯示：一般來說，有姊妹的人會比較快樂。

詹米的弟弟菲爾跟伊麗莎白同年，跟他太太蘿倫和三歲的兒子亨利住在下城。伊萊莎和艾麗諾都很高興有個表弟就住在附近，每次看到任何跟《芝麻街》裡的艾蒙或《玩具總動員》裡的巴斯光年有關的消息，就會說：「哇，亨利一定會喜歡！」

這個月，我想加強我和家人本來就已經很棒的關係。為了提醒自己珍惜家人和人生中的這段時光，我打算進行一個「進門儀式」，要與父母進行一場「不自在的談話」，談有關醫療代理人和預立遺囑等問題。我很慶幸父母都很健康，他們的生活充實又忙碌，所以我們似乎不急著討論這些事情，但我知道，如果**現在**就談，會比以後談要容易得多。

除了這件不愉快的任務之外，我想為家人增添更多愉快的時刻，所以我決心要「策畫一個美好的小驚喜」。此外，多年來我一直想跟我妹合作某種創意工作案子。再也沒有比這更好玩的事情了，而且這是跟她更親近的機會。我下定決心要找個方式「跟我妹妹相處」。

進門前，來一個感恩小儀式

感恩，是快樂生活的關鍵之一。培養感恩之心的人，會更加快樂也更加樂觀，跟別人感覺更緊密相連，比較討人喜歡、有更多朋友，也比較可能幫助別人——他們甚至會睡得比較好，也比較不會頭痛。

對於家人，我很感恩。一天天感覺很長，但一年年卻一晃眼就過去。有時看到兩個女兒做到一半的手鍊丟得到處都是，或是看到廚房外面那個鮮豔的塑膠溜滑梯，會搞得我很煩，但我知道未來有一天，我將會留戀這段日子。

我的第四條快樂真理是：「除非我認為自己快樂，否則我不會快樂。」畫家德拉克洛瓦曾在一段強有力的類比中，也掌握了這個訓誡：「他就像是擁有一片土地，卻不知道裡頭埋藏著寶藏。這種人不算富有，而一個快樂卻不自知的人，也稱不上快樂。」我有自己的寶藏，但實在太容易視而不見，毫無所覺，不曉得自己有多麼快樂。

為了提醒自己更珍惜所擁有的一切，也更珍惜可貴的日常生活，我決定要進行一種「進門儀式」。每回我站在階梯頂端，摸索著鑰匙要關掉警鈴、打開這棟公寓大樓的前門時，我要默念：「回到家了，我好快樂，好感恩。」每回走進我們那棟大樓的門，我要花點時間，用心想一下我親愛的家人。

我愛美國，也愛紐約。我愛自己住的這一帶，也愛這棟公寓大樓。事實上，當我自問：「如果讓我搬家，我想住在哪裡？」然後才發現，我連搬到五個街區外都不想。我就住在自己最想住的地方。儘管不時會有漏水、馬桶堵塞，偶爾還會有些設備出毛病，但我們家感覺可靠、結實、安全——這是快樂的一大泉源。

我可以輕易想出許多哀悼失去家園的知名作品段落：《遠離非洲》的作者伊薩克・迪尼森（Isak Dinesen）因為財務問題，失去她肯亞的咖啡莊園；契訶夫（Anton P. Chekhov）的劇作《櫻桃園》（*Cherry Orchard*）中，麗波芙（Lubov Andreyevna）被迫賣掉房子和果園；吳爾芙小說《燈塔行》（*To the Lighthouse*）中慢慢腐朽的廢棄房子；英國作家薇塔・賽克維爾－威斯特（Vita Sackville-West）因為法律規定的長男繼承權，失去了宏偉的鄉間大宅而傷心；設計師第夫尼（Louis Comfort Tiffany）的傑作宅邸被一場可怕的火災所毀；建築大師萊特的住宅兼工作室被謀殺案和大火毀掉，後來另一場火又毀掉他第二個家。總有一天，我畢竟會離開這處現居的公寓，不論我高興或是不情願。想到終將到來的告別，更讓我深愛這裡。

除了進門儀式，我也尋找其他方式來幫助我培養感恩的心。例如：金錢。

金錢就像健康，對快樂的影響通常是負面的：擁有時，我們很容易視之為理所當然，一旦失去，卻會成為不快樂的一大來源。

我們家的錢很夠用，住的地方也還不錯，這種安全感是金錢所能買到的最大奢侈。為了提醒自己不忘這一點，每回坐下來準備開支票付帳單時，我就會心想：「付得起這些帳單，真是感恩。」而不是想著：「這些帳單，真是令人厭煩。」

三月十六日，聖派屈克節的前一晚，我有個機會表達心中的感恩。當時我累死了，而且真不想為次日的節日早餐布置餐桌——但我已經下了決心要「舉行節日早餐」。於是我告誡自己：「能看見兩個女兒為一頓綠色的早餐而興奮，真是好感恩！」當晚兩個女兒去睡覺後，我拿出自己預先買來的綠色盤子，在桌上撒了一些綠色糖果。接著把一杯牛奶染成綠色，好讓伊萊莎用來拌早餐穀物片，又把一些花生醬染綠（看起來很怪，不會讓人有胃口），好讓艾麗諾塗吐司麵包。

次日早晨，兩個女兒來到廚房，我向她們高喊：「聖派屈克節快樂！」詹米到外地出差，我拍了一張兩個女兒面對一桌綠色食物微笑的照片，傳給他和祖父母們。

在日常生活的騷亂中，每回進門時，我其實很難真正看清每一天，也很難明白其中的珍貴。雕塑家賈克梅第（Alberto Giacometti）曾寫道：「每進入新的一天，一切都變得更豐富許多，愈來愈混沌未知，也愈來愈美。我愈是仔細看，它就愈壯美、愈遙遠。」我愈思索快樂，就愈能感受到快樂。

與父母談一些重要、但平常很難啟齒的話題

有時候，最能讓我們感到快樂的，是那種最讓我們焦慮、不安、困惑或愚蠢的事情。

比方說，當詹米和我坐下來寫遺囑時，心裡都覺得彆扭，但一旦完成，我們都開心地鬆了口氣。接下來，我想提醒我爸媽也把遺囑寫好。有一次跟父母喝著咖啡，我小心翼翼地提

起這個話題：「你們填寫過遺囑表格了嗎？或許，應該把這事處理一下。」

「我想我們處理好了，對吧？」我媽問我爸：「不過已經好幾年了。或許有十年了。」

「是啊，」我爸回答：「我們是有填過一些表格。」

「可是放在哪裡呢？」我媽問我爸：「在你辦公室嗎？」

「應該是。」

「如果已經有好一陣子，」我建議：「或許你們該重新看一下。」

我做了一些功課，美國不同的州有不同的術語和條件，不同機構提供的表格也不太相同，不過在 www.compassionandchoices.org 這個網站的「醫療」和「預立醫療指示／預立遺囑」的標籤下，列出了每個州簽訂預立醫療指示的所需文件。我又搜尋了一下有關財務代理人的資料，然後寄了電子郵件給我爸媽。

嘿——還記得我們談過的那些表格嗎？你們處理好了沒？

在密蘇里州，你們可能得填一份「密蘇里州宣告書」（像是預立遺囑）和「醫療代理人」兩種表格。宣告書那份得找兩個見證人簽名，代理人那份則必須經過公證人簽署。

另外，你們或許會想簽一份「財務代理人」表格，如果我記得沒錯，你們沒簽過，也不曉得需要找什麼見證人。

我明白處理這種事情不怎麼好玩，去找公證人或見證人也很麻煩，但最好趕緊辦好！

接著我又寄了一封電子郵件給我媽：

我忽然想到，不妨把你和老爸平常吃的藥物列出來，也附上醫師的名字和電話——全都列在同一份清單上。我正在列一份詹米和我自己的這個清單。如果你列好了，能不能寄一份副本給我？

這樣的話題並不會讓我快樂，但也不會讓我**不快樂**。當初詹米和我擬好遺囑時，就讓我安心許多。同樣的，趁現在與父母討論這類話題，畢竟比較容易。有些人會拒絕提起任何有關病痛、失能、死亡的話題，但其實如果能事先準備好，還是可以輕鬆面對。我跟父母談得很順利，因為我們有共同的價值觀，也向來相處得很好（否則，通常當家庭成員之間的想法差異很大，或者感情一向不睦，要進行這類討論，就會比較困難）。儘管如此，要真正把遺囑處理好還是很煩人的事。我之所以要扮演提醒家人的角色，正是因為就長期而言，完成這件事會讓我們每個人都更快樂。

至於要不要跟我公婆討論這件事，我就不確定了。有天晚上，我和詹米躺在床上看書，我提起了這件事。「把你的書暫時放下來，」我說：「我跟我爸媽談過法定代理人、預立醫療指示那類事情了。我們是不是也該找你的父母談？」

「不。」他毫不猶豫就說。

「那要不要**我**去談？如果你希望的話，我願意跟他們談。」

「絕對不要。」

於是我沒再提。在處理有關他父母的事情上，詹米有最後的決定權。

策畫生活中美好的小驚喜

很多研究顯示，我們對於「非預期」愉悅的反應，會比預期中的更強烈。意外出現的小小驚喜，通常會讓大腦得到更大刺激，例如路上撿到一塊錢、免費的試吃餅乾、毫無來由收到的禮物，或是老闆意外的讚美等。而且這些提振快樂的小事，也會讓我們更聰明、更友善、更有生產力。

我喜歡驚喜。每隔一陣子，詹米就會帶我最喜歡的扁豆湯回家，或去我最喜歡的冷凍優格店 Tasti D-Lite 買一桶回家。詹米也喜歡出其不意帶我們出門，給我們一個驚喜，例如最近他就安排了我們家史上第一場韓國烤肉聚餐。

我也希望能幫忙營造出一種體貼而歡樂的氣氛。於是，我決心要為家人「策畫一次美好的小驚喜」。

伊萊莎上托兒所時，我們家附近的麵包店裡可以買到一種迷你杯子蛋糕。每隔一陣子，我就會買一個回家，宣布說：「我們來練習給你過生日！」我會關掉屋裡的燈，在杯子蛋糕上插一根蠟燭，唱生日快樂歌，然後讓她吹熄。這樣練習過生日，會讓她很興奮。

現在我也想這樣，但那家麵包店收掉了，附近另外幾家麵包店賣的杯子蛋糕大得像萵苣頭。我決定，要去找找迷你杯子蛋糕，當我開始認真找，就果然在女兒的學校附近找到一家。

「今天晚上的甜點，我要給你們個驚喜。」晚餐後我告訴她們。

「是什麼？」伊萊莎問。

「你們先到另一個房間等一下。」

我在兩個撒了彩色巧克力的迷你杯子蛋糕上各插一根蠟燭，點亮了，然後關掉電燈。

「進來吧。」我喊道，開始唱起生日快樂歌。

兩個女兒都高興極了。

還有什麼驚喜呢？艾麗諾喜歡我從圖書館新借回的一套有聲書。詹米喜歡我在家大掃除。我在路上發現有家店的項鍊正在特價，於是買來送給伊萊莎。

我可以為公婆策畫什麼樣的小驚喜呢？我知道他們喜歡兩個孫女的新消息，所以我會努力把特別有趣的事情轉告他們。之前由於遲遲未處理大量數位照片所造成的壓力，現在我已經擺脫了，於是更勤於拍照片，而且很認真把照片 e-mail 給其他家人。

有天晚上，我聽到有人敲我工作室的門，轉頭看到艾麗諾。「你怎麼起來了？」我驚訝地問。「你將近一個小時前就上床睡覺了！」

「今天是我這輩子最興奮的一晚！」艾麗諾說，開心得說話都有點抖：「我的牙齒要掉了！我在床上時摸了一下牙齒，忽然感覺它在動了！」「哇，」我回答：「讓我看看！」她搖了一下門牙。「我來幫你拍張照片給爺爺奶奶看。」我拍了照片，寄出電子郵件，然後送她上床，三十分鐘後，她又跑來我們臥室，叫詹米和我看她的牙齒。

「你們看，更鬆了！」她喊道：「我搖它的時候，還有點痛！」

看她這麼興奮，我說：「你要不要打電話給爺爺和奶奶，還有外公和外婆，告訴他們這個消息？你可以打，但是只能講一下，然後你真的得去睡覺囉。」以前艾麗諾很少答應講電話，但這回她急切地點頭。「可惜剛剛沒想到要幫她錄影。」我跟詹米說。看著急切說著電話的艾麗諾，她的興奮、她拉高的音調、她第一顆掉的牙齒，我希望自己永遠記住這一切。

幾天後，艾麗諾的牙齒掉下來時，我寄給祖父母們一封電子郵件，標題是「牙仙子！」上頭的照片是艾麗諾朝著鏡頭咧嘴笑，同時驕傲地指著自己嘴裡缺的那顆牙。我爸回信說：「昨天我也掉了一顆牙齒……但牙仙子應該不會理我了。」

至於詹米，他喜歡烹飪，原本我考慮買一套印度香料送給他，但後來改變主意，因為我發現他本來就喜歡去一些特別的雜貨店，自己挑選少見的食材，所以我應該想個不一樣的小驚喜。最後我買給他一組巴克球（Buckyballs），這種桌上玩具是以眾多小小的磁球組成，在伊萊莎的朋友間很流行。詹米工作時喜歡手裡拿著東西把玩，所以我買一組給他——結果他很喜歡。

再一次，我實際見證了「表現出我想要的感覺」這個決心的效果。我表現出體貼、深情的行為，也就讓我對家人更加溫柔、更有感情。這比什麼都更能增添我們家的快樂。

換個方式，與你的兄弟姊妹相處

儘管我妹伊麗莎白比我小五歲，但她向來對我很有影響力。

比方說，她讓我看見：人是可以被徹底改造的。我還清楚記得，有天晚上，她全盤改變了自己的人生。我們都二十來歲時，有一回到堪薩斯城過聖誕節，當時伊麗莎白住在紐約市格林威治村的一戶大公寓裡，以寫作與編輯青少年小說為業。聖誕節的前兩天晚上，伊麗莎白在酒吧裡碰到一個老朋友莎拉．芬恩（Sarah Fain）。莎拉告訴她：「我要搬去洛杉磯寫劇本了。」她們坐下來喝第一杯啤酒時，伊麗莎白說：「我要去找你，在你那住兩個星期。」到了第三杯啤酒，她又改口：「我也要搬去洛杉磯。」到了聖誕前夕那天早上，伊麗莎白告訴我們，她想嘗試走電視編劇這條路，而且認真考慮搬家。到了二月八號，她果真下定決心，把紐約公寓的東西收拾打包，搬到洛杉磯，跟莎拉一起住在海洋公園（Ocean Park）那一帶的一棟小房子裡。

但儘管老妹向來是我的知己兼榜樣，感情也一直很好，但我卻無法常常見到她。她剛生了小孩，我也有兩個女兒，我們各自有全職工作，分別住在紐約市和洛杉磯，相距三個小時的時差，搭飛機要六個小時。

我一直想跟伊麗莎白合作——但做什麼呢？儘管我們都是寫作人，但我們寫的形態完全不同。她是說故事的人，寫的是電視劇本和小說（她改行做電視編劇之後，還曾跟莎拉合出過兩本很出色的青少年小說），而我喜歡研究，寫的是非文學。

不過，我還是很希望兩人能合作，做出點東西來。「我們來開廣播節目吧，」我半開玩笑的說：「或者我們應該做個視訊談話節目，放在 YouTube 上播。」

「好啊，那要談什麼？」

「不曉得，或許可以談我們都很喜歡的兒童文學，或者我們可以合作一起寫東西。」

我老是找機會跟其他人合作。比方說，跟我的朋友一起創作《路威倫角四人行》的過程長達兩年，期間要計畫很多事情，去 eBay 買很多東西，而且工作量很大，但整件事感覺好興奮。我真希望伊麗莎白和我也能合作，但我想不出要合作什麼樣的案子。然後沒想到，突然冒出了一個機會。

十二月時，我為所屬的三個兒童與青少年文學讀書會舉辦第二屆年終派對時，在派對上碰到了丹尼爾·艾倫哈夫特（Daniel Ehrenhaft），他是我們讀書會最早的會員之一。我是透過伊麗莎白認識丹尼爾的，他們是大學時代的老友，曾在寫作上合作過。丹尼爾現在還在從事青少年小說的出版工作，自己也寫過幾本青少年小說。

我知道丹尼爾一直在尋找新點子，於是在派對上把他拉到一邊。「我有個青少年三部曲的絕佳點子，」我告訴他：「我是認真的，這個點子太厲害了。」

「什麼？」丹尼爾笑著問。

「我從小就對這個主題很著迷——厄琉息斯祕儀（Eleusinian Mysteries），古希臘一個祕密的入會儀式。這個儀式已經舉行兩千年了，但卻**從來沒有人說出**其中的祕密。」

「那些祕密是什麼？」

「沒人曉得！厄琉息斯是希臘最神聖的地方之一，而厄琉息斯祕儀（向穀神狄米特〔Demeter〕和她的女兒、冥后普西芬妮〔Persephone〕致敬的神聖儀式）吸引了古代世界各地的人趕來參加。什麼人都有：男人、女人、奴隸、皇帝、詩人、哲學家。這是個歷時九天的入會儀式，最後的高潮是揭露一個偉大的祕密。但重點就在這裡：儘管有這麼多人參加，但千百年來，從來沒有人洩漏其中的祕密。我們只知道零星片段，知道裡頭發生的事情有『朗誦，展示，執行』。」

「聽起來很有趣，」丹尼爾說：「我回去研究一下。」

次日，我把維基百科上有關這個神祕儀式的條目網址寄給丹尼爾。幾天後，我收到他的回信。

寄件人：丹尼爾・艾倫哈夫特

收件人：葛瑞琴・魯賓

我剛剛看了有關厄琉息斯祕儀的介紹。

老實說，這部青少年超自然／浪漫小說系列，適合所有閱讀沘西・傑克森和哈利波特長大的小孩（無論男女）。這個系列可以是浪漫的青少年驚悚小說，帶著《達文西密碼》

的特色，但同時在過去與現在間切換——其中牽涉到一個我們不知道的神祕、浪漫、危險的魔法世界，已經存在了數千年。

如果你們想參與，我很想跟你們談談，愈快愈好。

你們興奮過度的朋友，丹尼爾

我回信之前，先寫給我妹妹：

寄件人：葛瑞琴．魯賓
收件人：伊麗莎白．克瑞夫特

我最近讀了很多有關希臘宗教的東西，迷上了厄琉息斯祕儀。兩千年來，沒有人知道那個祕密！什麼都不曉得！沒有人洩漏過！

星期二晚上在我們的兒童文學年度大派對上，我把這件事跟丹尼爾．艾倫哈夫特提了，因為我覺得這是一系列青少年小說的絕佳素材。有足夠的歷史讓這個故事似乎很「真實」，有事實根據，但想像空間又廣闊極了（就像《清秀佳人》裡的安妮所說的）。請參考 https://en.wikipedia.org/wiki/Eleusinian_Mysteries。

顯然他同意了！我沒有寫這個故事的本領，但你有!!有興趣嗎？我真的覺得這是個非常豐富的點子。維基百科的條目沒有傳達出厄琉息斯那些瘋狂的要素（比方說，厄琉息斯這個小鎮名，意思是「到達」——夠刺激吧？）

有興趣嗎？我很樂意看你怎麼利用這個素材！

然後伊麗莎白打電話給我。「我要加入！」

「真的？你真的覺得這點子不錯？」

「當然是真的。我們**一起**合作吧。」

我興奮極了。我可以跟伊麗莎白合作了！而且是這麼好玩的主題！

工作接著展開。一開始，丹尼爾寄出幾頁故事大綱，然後我們逐漸勾勒出角色和情節。

有一次討論結束，我說：「這個案子讓我好興奮。我得念出一段名人的話，呼應厄琉息斯的心情。」

「念出來吧！」伊麗莎白和丹尼爾異口同聲地說。

我戲劇化地清清嗓子。「這是古羅馬哲人塞尼加（Seneca）所寫的。『很多神聖的事情不會一口氣說出來，厄琉息斯總是保留某些事情，給下次再來的人看。』」每回我念出這段句子，都會忍不住起雞皮疙瘩。

接下來幾個月，我們逐漸發展出這個故事的細節，有時是三個人一起商量，有時只有伊麗莎白和我。這個故事要從第一人稱觀點寫，還是第三人稱？古希臘那部分的故事到底要寫些什麼？設定在什麼時間？隨著我們的工作進展，某些元素開始變得更清晰。在現代部分的故事中，主軸是經營拉斯維加斯最大賭場之一的家族。而在古希臘，主角之一則是出生在奴隸家庭。

伊麗莎白的工作最吃重，負責執筆寫最開頭的幾章，但我也有自己的任務。我可以編輯並幫忙腦力激盪，而且我喜歡做研究的事務。當伊麗莎白在處理角色和情節碰到困難時，我就去研究厄琉息斯的歷史和神話。

我承認，中間有一度，我失去了興趣。我們全都說了那些老套的話：「早知道這麼辛苦，當初我可能就不會開始了。」每當我想到個好點子，乍看之下似乎簡單有趣，但往往等到我更深入去做時，才發現需要很多時間、精力去努力執行。要把簡單的事情做好都有困難了，更何況大部分的事情都不簡單。一切變得很明顯，《厄琉息斯》（暫名）所需要付出的心力，連我都快受不了了。

我要做的只有一小部分，但就連這樣的責任和分心，難道都還是太重嗎？或許我該放棄，把力氣用在自己的工作上。我太忙了；我已經有太多事情要做。還是保持簡單吧。不！**要大器！**我提醒自己。於是，我不再去盤算要完成整個案子的龐大工作量，改而思索我這個月要完成的工作。這麼一想，就覺得好像還應付得來。

而且我喜歡跟老妹一起工作。我們會打電話給對方，或寫簡短的電子郵件，討論我們喜歡的電影或書中所出現的主題或技巧。

「不是我老要提，但是再講一次，她就像《教父》裡面的麥可。」

「你讀過《末日之旅》（*The Passage*）了嗎？」

「我得重新再讀一遍《東方三博士》（*The Magus*）。」

「重點是，普西芬妮總是讓人聯想到石榴。而狄米特則是穀物。」

「《祕史》（*The Secret History*）。力量的來源。」

「先不要扯到別的地方，不過採用像《真善美》的脫逃，你覺得怎麼樣？」

「聽聽這個，榮格說：『要加強人們的珍惜之感，最好的方式莫過於讓每個人發誓要守護其中的祕密。人類社會結構的起源，就展現出對於祕密組織的渴望。如果沒有真正的祕密存在，大家就會發明出一些祕密儀式，或是設計出一些特別的會社入門儀式。』對吧？」

讀過了古典哲學家凱瑞尼（Carl Kerényi）的著作《厄琉息斯：母親與女兒的原型形象》（*Eleusis: Archetypal Image of Mother and Daughter*）之後，我發了一封電子郵件：

寄件人：葛瑞琴．魯賓

收件人：丹尼爾．艾倫哈夫特，伊麗莎白．克瑞夫特

主題：回覆：有個字要告訴你們……

豬，神話豬。

「有關豬是怎麼回事？」下一次我和伊麗莎白講話時，她問我。

「豬很重要！」我只這麼說。「神話豬。先等一下。我正在蒐集資料要給你。」

很快的，我就蒐集了一大疊書，從裡面豐富的細節，可以引發小說家的想像力。《古代世界的神祕教派》（*Mystery Cults of the Ancient World*）、兩冊的《世界宗教理念史》（*A History of Religious Ideas*）、《人類殺戮者》（*Homo Necans*，這本書我特別喜歡）、《希臘神話全集》（*The Complete World of Greek Mythology*）、《古代神話：史料與經文》（*The Ancient Mysteries: A Sourcebook of Sacred Texts*）、《厄琉息斯與厄琉息斯祕儀》（*Eleusis and the Eleusinian Mysteries*）、《歌頌狄米特的荷馬史詩》（*The Homeric Hymn to Demeter*）。我把其中最有幫助的材料裝成一箱寄出去，同時也寄了一些類似《古希臘日常生活》（*Everyday Life in Ancient Greece*）的書給伊麗莎白，讓她撰寫故事時可以參考時空背景。

沒多久，我就收到伊麗莎白的電子郵件。

寄件人：伊麗莎白・克瑞夫特

收件人：葛瑞琴・魯賓

主題：幾頁內容

嘿——這是幾頁內容。嚴格來說只有前三頁（有兩頁空白是書名頁，用來給自己打氣的……）但這是完整的一場戲，所以我想可以先寄給你看。下一場戲是他們前往地窖。**盡量批評，不必手下留情！我臉皮很厚**。你講什麼都不會困擾我。我只是想抓對方向，所以才會寄給你。不必幫我校對。謝了！

看到上頭寫著《厄琉息斯：不能說的祕密》的那些紙頁從我的印表機跑出來，真是太興奮了。伊麗莎白已經開始寫出一個真正的故事，我看得出寫得有多好。雖然只是一點點，還有太多工作有待完成，但我們辛苦了那麼久，終於有個好的開始。沒多久，我就收到伊麗莎白的另一封電子郵件，當時她正跟家人去拉斯維加斯度週末。

寄件人：伊麗莎白・克瑞夫特
收件人：葛瑞琴・魯賓

在賭場餐廳看到穀物擺飾……這是個預兆。

狄米特，她是穀物女神。

「跟你說，我沒辦法寫得非常快，」她提醒我。「我也有自己的正職要做。」

「反正不急，」我回答。「這是成人的祕密：大家總傾向於高估自己短期能做的事，同時低估每天做一點、長期能做的事。總之，開心寫下去吧！」

但接著我想到自己那個煩躁、嚴厲督促的傾向（儘管可能是善意的）。「你要我盯著你嗎？」我問。「我可能會有點狠。但如果你希望我稍微煩你一下，我會做的。」

「我的確希望自己有責任感。暫時講好，我每個星期會有新的內容給你。你就可以提醒我了。」

「我保證不會囉唆。」我說（主要是跟自己保證，而不是跟她保證）。

於是這個案子認真展開了。很難確知到底會怎麼進行下去，但總算開始了。

如同第一快樂真理所闡明的，成長的感覺以及朝向目標前進，對於快樂至關重大——跟達到目標同樣重要，甚或更重要。尼采曾談到這種關係：「一首旋律的結尾不是其目標，但如果旋律不到結尾，也就不算達到目標了。一則寓言。」雖然有些比較被動的休閒形式，比方看電視或上網，在短期內會比較好玩，但長期而言，這類活動所提供的快樂，卻遠遠不及更有挑戰性的活動——例如成為厄琉息斯祕儀專家，或是編輯一章草稿。

我何其幸運。學習和寫作就是我的工作，而且我每天都有很大的自由，可以決定要做什麼、怎麼做。但就連我都覺得，在生活中如果有更多選擇空間，去做我真正喜愛的案子，我就會更快樂。

我本來就料到自己會很樂於跟老妹合作，事實也如此，但我發現，光是跟她更常**談話**，就已經大有不同了。現在我們有特定的理由打電話，就會更常聯絡，而且毫不意外的，我覺得跟她更親近了。我們對這個寫作案太熱中了，因而很少談別的事情，我沒問她廚房整修進度或最近跟電視台主管的會面結果，關於她兒子傑克最近的可愛事蹟也只稍微帶過，但是無所謂。

「你跟伊麗莎白合作得很順利，真是太棒了。」一個認識我們兩姊妹的朋友說。「而且你們的兒童文學讀書會，居然會製造這樣的機會，還是**跟她**！簡直美好得不像真的。」

「沒錯。」我拉長語調。這的確似乎太……神奇了。我怎麼會這麼幸運，一切都這麼圓滿呢？

回想起來，我明白了其中奧祕：「做自己。」在我第一次的快樂生活提案中，為了努力接受我自己的本性和真正的喜好，我發起了兒童文學讀書會。要不是做了這個決定，我不會有機會可以常看到丹尼爾，不會經常想到兒童文學，也就不會留意到厄琉息斯祕儀的創作機會。對於一個如今正迷上古希臘宗教的人來說，刻在德爾菲（Delphi）阿波羅神廟上的那句話「了解你自己」，真是再恰當不過了。

把不愉快的意外，轉變為美好的回憶

三月底，我們與詹米的父母安排了一年一度的春假海灘之旅。

「跟公婆去度假，你不擔心嗎？」出發前，一個朋友問我。

「不會啊！」我驚訝地回答：「這樣很棒，兩個女兒都好興奮呢。」我婆婆喜歡堆沙堡、撿貝殼、朗讀、在游泳池裡重演天鵝湖，而且老是跟伊萊莎和艾麗諾一道玩。我公公其實不喜歡堆沙堡，但是他很喜歡在旁邊跟著玩。這表示這段時間，詹米和我就有機會去健身房、打個小盹，或者做點我們想做的事情。全家人都很開心。

「你以前跟他們一起旅行過嗎？」

「啊，當然。我們每年春假都跟詹米的父母一起去度假，勞工節的那個週末也會。另外每年聖誕節，我們會回娘家看我爸媽一星期，八月也會回去待一星期。」

「我真是無法想像。」她說：「對我來說，這種家庭聚會像地獄一樣。」

這再度提醒我，自己有多麼幸運。就如同我不該把家人的健康視為理所當然，我也不該把家人的和諧關係（大部分時候）視為理所當然。

度假時，我也拿自己當白老鼠，測試某些有趣研究的結論。比方說，有研究指出，假如在一次愉快的經驗裡，過程中曾被不愉快的經驗打斷，反而可以強化個人的整體愉悅感。就好比廣告的存在，會讓看電視更有趣——打斷我們原本正在享受的節目，反而強化了節目所帶來的愉悅感。

為了實驗這個研究結論到底對不對，度假時我帶了幾篇很長的文章。這些文章堆在架上有好幾個月了，不但占用了我珍貴的擺放空間，也讓我心理負擔很重。如果我靜心坐下來讀，大概兩三個小時就能全部讀完，但平常的我就是沒法逼自己這麼做。我帶著這些論文去旅行，每天讀一篇。結果就如同研究所預測的，這個日常的小小煩惱任務，反而讓我的假期更愉快。

我們度假的最後一天，正好是四月一日愚人節，這表示我可以來玩一次前面提到的「節日早餐」。兩個女兒起床時，我走進她們房間。「我有事情要告訴你們，」我口氣很嚴肅地說：「飯店剛剛送來一份通知。」我舉起剛剛從垃圾桶裡撿來的一個信封，好讓自己的話聽起來更逼真。「他們在水裡發現一些不乾淨的東西，可能會影響健康，所以今天大家都不能游泳了。」

「是沙灘還是游泳池？」伊萊莎問。

「都不行。他們說明天游泳池或許可以開放，但明天我們已經離開了。」

伊萊莎臉上忽然出現了懷疑的表情。「我不相信。」她說。

「你自己看這封信！」我說，把信封遞給她。

「水裡有什麼？」艾麗諾傷心地問。

「某種細菌。」

「哇，真的很恐怖。」伊萊莎說，假裝在讀那封信。我真不敢相信，伊萊莎居然配合我演戲！「好討厭，我們不能整天游泳了。」

「沒關係，媽咪，」艾麗諾勇敢地說：「我們可以做其他事情。」

那張沮喪的小臉實在讓我無法抗拒，玩笑開不下去了，「愚人節快樂！」我大喊。

「這是假的？」艾麗諾說：「我們可以游泳？」

「我一開始還真的相信你呢！」伊萊莎說。

「這真的是愚人節的玩笑？」艾麗諾問：「我要去告訴爺爺和奶奶！」

我要她們重新演一次，好讓我拍下照片。

這趟旅遊很愉快，無論大人和小孩都很少發牢騷和抱怨。在回家的路上，我列出家庭度假中派得上用場的「成人的祕密」：

少就是多。

盡可能早點開始。

打包時，碰到可能會滲漏的東西，就裝進塑膠袋裡。

別讓任何人餓過頭，尤其是我。

歡樂會傳染，暴躁易怒更會傳染。

擦防曬油。

隨身帶面紙。

提醒小孩去上廁所——別等到他們自己想起來。

睡飽覺。

例行公事令人愉快，但偶爾打斷例行公事會更開心。

讓事情很容易做得正確、很難做錯。

見好就收。

每天至少一次，讓我每個小孩都忍不住哈哈大笑。

做一點點正事，會讓休閒時間更有樂趣。

出錯的事情往往能成為最美好的回憶。

如果可能，星期六就打道回府，在正常上班上課前，還有一天能待在家裡休息。

行李箱要留下足夠的空間。

一如艾森豪所說：「計畫毫無價值，但計畫就是一切。」

重點是，**玩得開心**。

回到紐約，當我們拖著行李箱走出電梯時，我再度想到一則最簡單明瞭的「成人的祕密」：哪裡都比不上家。

記者先生，你就是快樂吸血蟲

假期過後，我回到書桌前工作的第一天，接受了一個記者的電話採訪，他正在寫一篇有關快樂的報導。才講一分鐘，我就感覺得出他抱著那種「快樂是被高估的自私，而且大概是幻覺」的成見，或者他也可能認為「如果人們別被洗腦去追求那種快樂的笑臉，就能獲得更真實的滿足」。這位記者，絕對是個快樂吸血蟲。他以責難的口氣說：「嗯，當然啦，**你**一定認為每個人無時無刻都該覺得幸福快樂。」

「不，我不這麼認為。」我說。然而，他的假設並不令我意外，因為我以前也聽過類似的批評。

「你寫了這本工具書──」

「不，我不會形容我的書是工具書，它是……一本可以幫助人的書。」史上很多偉人都研究過快樂，但從什麼時候開始，自我了解、自我提升的渴望，被冠上了「工具」的烙印？「我寫的，是遵循蒙田、約翰生博士、拉羅什福科（François de La Rochefoucauld）、梭羅的傳統——至少，我試著要這樣。」其實他根本不在乎。

「好吧，你認為人們應該永遠不要體驗負面情緒。」

「我**從來沒有**這樣認為，」我很不耐煩：「我根本沒這樣想。」

掛電話時，我心裡真希望能跟對方針對這個主題把話講清楚。快樂生活實驗的目標，不是要除掉生活中「所有」的不快樂。因為現實上，這是不可能的，就算有可能，也不值得嚮往。在某種程度上，負面情緒可以在快樂人生中扮演一種很有幫助的角色，負面情緒是一種強烈的訊號，提醒我們什麼事情不對勁了，因而往往能夠刺激我們採取行動。

我的第一條快樂真理主張，要快樂，我就得思考在**成長的氣氛下**，什麼是**好感覺**、什麼是**壞感覺**，以及什麼是**感覺對了**。「壞感覺」是一個重要的元素。事實上，我展開快樂生活實驗的一個主要原因，就是要消除內疚、怨恨、厭倦所帶來的壞感覺：為了對我的小孩失去耐性而感到內疚；為了詹米沒給我金色星星而心懷怨恨；以及一些我原以為「應該」覺得好玩的活動，卻讓我感到厭倦。此外，在我的個人經驗之外，看到其他人的痛苦也促使我採取行動——無論是為了我生命中的人，或是世上的其他人。

在另一種狀況下，壞感覺也很有用。快樂的一大關鍵是自我認知，但是要了解自己非常非常困難——尤其是某些我想否認的、令人痛苦的部分。負面情緒會凸顯這些我想隱藏的部分。比方說，我考慮從法律轉行寫作時，那種不安的嫉妒感幫助我看清自己想要的是什麼。當我閱讀校友會訊裡的校友近況時，我對大部分人的事業都不是特別有興趣（雖然某些人從事很有趣的法律工作），但我嫉妒作家。

同樣的，撒謊也可能是一種重要的徵兆。一個朋友告訴我：「聽到自己跟小兒科醫師撒謊，說小孩看了多少電視時，我就知道自己得控制小孩看電視的時間了。」另一個朋友也說：「我老是告訴別人，我走路去上班，但其實我沒有。然後我決定，要誠實，於是就真的開始走路上班了。」

當然，就像約翰生博士指出的：「藥物，用對了就有治癒的力量，但如果輕率或愚昧亂用，就有同樣大的摧毀力量。」負面情緒的苦藥，在某些範圍內可以有所幫助，但如果這些情緒製造了嚴重的不快樂或沮喪，就可能變得很痛苦，妨礙到正常生活了。我逐漸明白，快樂的一大課題，就是找出方法去消除不快樂的因素，或者如果可能，就從結構上去處理負面情緒。

無論我們跟家人是否同住，甚至無論我們是否與家人聯繫，跟家人的關係都會影響我們的快樂——無論好或壞。亞當．斯密曾觀察到：

家裡充滿了互愛與互敬的氣氛，父母與子女是同伴，彼此只有尊重和寬容，自由而深情，互相打趣又互相體諒。兄弟不會因為利益衝突而對立，姊妹不會因為爭寵而不合，一切都平靜、歡喜、和諧、滿足。看著這樣的家庭，會是多麼愉快呢？

亞當．斯密所描繪的這種理想，很少家庭能夠做到，我在自己家裡所扮演的角色，也絕對不總是有助於營造和平、歡樂、和諧、滿足的氣氛。但對我來說，「待在家裡更快樂」的一大重要因素，就是努力朝向這個目標，認真去做。

| 4月 |

尋找你的「加爾各答」

在居住的社區小旅行

每個人每天所做的事都很重要而莊嚴，所住的地方都有趣又美麗。

——葛楚·史坦《法國巴黎》（Gertrude Stein, *Paris France*）

- 回憶往事
- 用心的眼光看身邊熟悉的事物
- 找一個「捨我其誰」的任務

這個月，我希望專注在家**之外**，所感受到的與「家」有關的感覺。天氣轉暖的四月——不必被冷冽的天氣逼得老想回到屋內——是一個多認識鄰居的機會，散步可以更悠閒，也讓我更想深入了解我身邊的人與地。

我不怎麼喜歡散步，有很長一段時間，我對自己缺乏旅行的熱情感到愧疚。我喜歡待在家裡、懶得去探索世界，是否表示我缺乏冒險精神、對其他文化不夠好奇？但當我自我鼓勵「做自己」，並接受我真正喜歡和不喜歡的，那就要面對自己的這種本性。

有一部分也是因為，我對其他人旅行所追求的許多事物不太有興趣。我吃東西很挑嘴，所以去新餐廳或試異國料理，並不覺得特別好玩。我不喜歡逛街購物。我相當喜歡逛博物館，但也程度有限。我不會講任何外國語言。我沒有很多住在國外的朋友。我不迷健行、蒐集、賞鳥這類讓我有理由旅行的事情。每隔一陣子，我就會一整天都足不出戶，覺得是一大享受。我喜歡在家度假。

除了紐約市，我不會想住在任何其他地方，詹米也一樣。每一天，紐約都讓我快樂，而當我覺得不快樂時，有時就會想著這個置身的城市，鼓舞自己。這個城市的廣大撫慰我，就像個海洋，或一座高山，或一片大草原。我愛紐約無窮盡的可能性：巷道兩旁排列的公寓，數不清的辦公室、商店、公園，每個都是自己宇宙的中心。每一棟建築，踏進去會是什麼景色？在我眼中，紐約的建築物有一種奇異的魔幻特質，總覺得裡頭會比外面看起來更寬闊。

到了夜晚，如果我睡不著，就會走過家裡的每一個房間，看看熟睡中家人的臉——寧靜，寧靜，寧靜——然後在黑暗裡站在窗邊，看著對街黑黝黝的建築物。每回看到附近鄰居有幾盞燈亮著，我總是很開心。還記得九一一那天，我走在萊辛頓大道上，震驚地想著：

「這一切都正面臨危機嗎？這裡會被摧毀嗎？」

然而，在此同時，我也知道旅行到新地方、嘗試新事物的人，會比只待在熟悉地方的人要更快樂。新經驗能刺激我的想像力，我總能從旅行中得到新點子和創意，即使我並不特別期望旅行。

由於我身上有種種責任，就算我想，也沒辦法常常離家——還好我並不想。因此，這個月，我想結合「待在家」和「度假」的愉悅，用新的眼光重新觀看熟悉的環境。為了更珍惜我的近鄰，我決心要「當個不必離家的觀光客」。

當一個不必離家的觀光客

對我來說，紐約市不是只有一堆紀念碑。歷史學家伊利亞德（Mircea Eliade）描述我們人生中「獨特的地方」，可能包括「出生地，或是初戀的地方，或是年輕時第一次出國去過的某些地方。即使是最沒有宗教信仰的人，這些地方依然有一種獨特的性質，是屬於自己的『聖地』」。至於我，也有屬於自己的地標、我個人的史蹟，還有我最愛的角落。

為了珍惜紐約市的公共寶藏，以及我自己的「聖地」，我決心要「當一個不必離家的觀光客」。所謂「當觀光客」並不表示去拜訪每個觀光景點——埃利斯島（Ellis Island）、大都會博物館修道院分館（Cloisters）、無線電城音樂廳（Radio City Music Hall）、「美國女孩」（American Girl）娃娃專賣店。而是表示帶著觀光客的眼睛和熱情：觀光客會閱讀並研究，觀光客會親自走訪，觀光客有全新的目光。

上回我到耶魯大學所在的康乃迪克州紐哈文時，就進行了一趟「觀光客」式的拜訪，只是當時我沒有太意識到。因為我大學和法律研究所都在耶魯就讀，回到那裡總是讓我百感交集。尤其因為詹米和我是在法學院認識的，交往早年有很多快樂的回憶。上次我回母校，就決心要重訪一些我們當年談戀愛的重要場景。

我去找我們當時在法學院圖書館的小研究間、我們以前站著談話的石階、曾經一起吃過早餐的卡柏小館、第一次牽手的那個木頭長椅，我在每個地點都拍了照。一切都已改變，卡柏小館已經收掉不見了，有一天那個木頭長椅、甚至石階也會不見，但我還擁有手上的照片。

葛楚・史坦曾說：「每個人每天所做的事都很重要而莊嚴，所住的地方都有趣又美麗。」對我來說，我的城市有趣又美麗——只因為我住在這裡。我列出了如何「當一個不必離家的觀光客」的清單。

回憶舊日往事。我每天走在街道上，都會努力回想重要的往事。這家健寶園（Gymboree）童裝店是當初我肚裡懷著艾麗諾，跟詹米走到醫院的途中時，曾停下來幫伊萊莎買紅色褲襪的地方。六十九街和第三大道的那個角落，我曾跟詹米說：「真的，你可以寫一本讚美（或是批判）邱吉爾的傳記，」而詹米回答道：「你應該自己來寫。」於是，啟發我寫出《從四十個角度看邱吉爾》（*Forty Ways to Look at Winston Churchill*）。這裡是我公公上班的那棟大樓，中華餐館「小屋」（Cottage）是我妹妹當年在紐約讀大學時，我來訪跟她一起吃過飯的地方。那個果菜市場是我小叔夫婦為他們的食譜書《蘋果的慰藉》（*The Comfort of Apples*）做過示範的地方，每一年，都有更多地方具有更多意義。

用全新的角度觀察。走在街上時，我試著以觀光客、記者，或是研究者的觀點去看這個城市。於是我發現，離我公寓兩個街區外，有一家店我以前從沒看過。我也觀察紐約市的節奏——例如人行道上每天走路上學的親子行列、下樓搭地鐵前在街角水果攤暫停的人們。看伍迪・艾倫的紐約電影——《安妮霍爾》、《漢娜姊妹》、《賢伉儷》、《曼哈頓》——讓我得以全新的眼光，重新觀看這個城市。

注意氣味。自從我二月下決心要「擁抱好氣味」之後，就開始更注意紐約的種種氣味。以前，除非碰到像垃圾車經過時那種強烈的臭味，否則我走在路上都不太會注意到任何氣味。現在我更仔細留意，比方剛開始下雨時，柏油路上那種溫熱和充滿塵土的氣味，一處建築工地前新鮮的木頭和松節油的氣味，或是地鐵特有的氣味。某些嗅覺之謎讓我疑惑：為什麼住宅區的小街道，聞起來總是像電影院的爆米花？為什麼第三大道忽然有一股營火的氣味？所有連鎖藥妝店那股無可避免的氣味，是由哪些東西組成的？

學習更多。我很佩服我爸的一點，就是他對堪薩斯城幾乎無所不知。每次我問他有關某個區域的歷史，或是正在整修的某棟建築物，他總是說得頭頭是道。我也想學習更多有關紐約的知識，就像每次到國外的城市，我都會閱讀旅遊指南，於是我開始閱讀紐約的旅遊指南，比方《曼哈頓十大建築散步路線》和《曼哈頓的戶外雕塑》。中央公園那座巨大的《愛麗絲夢遊仙境》雕塑我已經去過上百遍了，但最近因為閱讀才知道，裡頭的愛麗絲據說是以雕塑家的女兒當模特兒，因而讓我更能欣賞這座雕塑之美。我花更多時間閱讀《紐約時報》的大都會版，還有《華爾街日報》上頭有關大紐約地區的消息。我們家擁有肯尼斯・傑克森（Kenneth T. Jackson）編的那本《紐約市百科全書》（*The Encyclopedia of New York City*）好多年了，現在我把書從高處的書架搬到茶几上，一有空就翻閱。

脫離日常路線。之前和伊萊莎每週一次的探險，讓我有機會去看一些附近的地方。比方十幾年來，亞洲協會離我們家不到十個街區，但我從來沒進去過，直到伊萊莎和我在某個星期三下午去拜訪。同時，當我開著車而不是當乘客時，以前經過許多次的街道感覺像是第一次來。

花時間沉浸在《紐約客》雜誌中。從我還很小的時候，每次看到《紐約客》雜誌的封面，總是引起我滿懷強烈的情緒——不是快樂或悲傷，也不是喜悅或不開心，而是一種對紐約市的強烈渴望。那個紐約不是我的紐約，而是有洋基隊、有莎士比亞戲劇節的城市，這裡的人們搭渡輪到史塔登島（Staten Island），在布魯克林的威廉斯堡（Williamsburg）散步，從康乃迪克州通勤。為了要擁抱這種《紐約客》的感覺，我小小揮霍了一下，買了一本迷人的《紐約客雜誌封面全集，一九二五～一九八九》二手書。伊萊莎、艾麗諾和我細看了那些封面好幾個小時。這些照片召喚出我想像中真實與不真實的紐約市。

當觀光客，是一種心境。

你的出現，會不會讓別人更快樂？

鄰居很重要，因此我希望自己更有鄰里精神，更努力在我住的社區，或是在平常的行動路線上，為我每天遇到的人增添快樂。

這引發我想到兩個問題：我的出現，會讓別人更快樂嗎？我的善意之舉，會增加其他人的快樂嗎？

常聽到有人說，散播快樂的一個好方法就是「進行隨機的善行」。沒錯，如果進行隨機的善行，**我**會覺得更快樂——比方說，幫後面那輛車子付公路通行費，或是塞硬幣到陌生人的停車計費器裡。但問題在於研究也顯示，很多人**接收到**隨機的善行時，反應卻是——疑心有詐！

我自己就是這樣。如果有人無端對我好，我會心生提防。不是我對人不信任，問題不在於行為的善意與否，而在於**隨機**。如果有個陌生人給我一張鈔票，我會猜想他是要引起我的「互惠」心理（這種強烈的心理學現象，就是當某個人給了你東西，或是為你做了事情，你就覺得自己該報答）。奎師那協會（Hare Krishna Society）的成員，會在機場主動送花給路人，很多慈善團體在募捐時也會贈送地址標籤，都是利用互惠心理。

隨機的善行也可能用在錯誤的人身上。例如你幫忙付公路過路費的對象，搞不好是個百萬富翁；或是當你把硬幣投到別人的停車計時器時，車主其實正準備要把車子開走。有個朋友曾告訴我，他有回在路上被一個大塊頭男子攔下，那男子說：「我要免費送你一個擁抱！」然後不由分說就抱了他——儘管是免費的，不等於一定受歡迎。

行善當然是好事，隨機行善也不是壞事，但要把我的快樂建立在「帶給他人快樂」上，我希望嘗試的是比較**非隨機**的善行。畢竟，看到一個陌生人、朋友，或同事對我關心，不論有多麼善意，都會讓我納悶為什麼他會忽然對我好。

有個朋友曾說過一個很棒的非隨機善行方法。幾年前的四月十五日，她走進郵局，裡面擠滿了要郵寄報稅單的人，正在唯一的一台郵票販賣機前面大排長龍。她也跟著排隊，最後終於輪到她時，她不是只買自己需要的，而是買了一大張。然後她轉身把郵票發給排在她後面的人，直到發光為止。拿到免費郵票的人很興奮——沒拿到的人也很興奮，因為又長又緩慢的隊伍很快就縮短了。她說，當時每個人都很驚喜，紛紛笑了起來。

光是想像那一刻，連我都**好快樂**！我的朋友把為了報稅而跑去郵局這趟不怎麼愉快的行程，轉變為快樂的一刻——不光是為她自己，也是為了跟她一起排隊的陌生人，現在還加上了我。

或許，隨機善行的趣味之一，是模糊你與善行之間的連結。有些人相信，為善「居功」會降低善行的價值；也有人相信，任何利他的行為都不可能是真正無私的，因為做善事本身，就能帶來強烈的喜悅。我的看法是這樣的：沒錯，要讓**我自己**快樂的方式之一，就是讓**其他人**快樂，這當然是人性中最善良的一面。

對別人保持禮貌，是最低程度的善行

我設法尋找更多非隨機善行的方法，期望我的出現能讓別人更快樂一點點。

首先，我的目標是對別人更禮貌——這是最低程度的善行，但還是很重要。以前我老是專注在自己的世界裡，無視於路上盯著地圖的觀光客，或是推著嬰兒車的母親，因此我決定：要更關心路上需要幫助的人。比方說，雖然我自己不會隨手亂丟垃圾，但也從沒想過要去處理其他人亂丟的垃圾。有天下午我搭地鐵時，車廂裡有個空的塑膠水瓶在亂滾。那個空瓶滾來滾去、滾來滾去，我心想：「該有個人去撿起來。」然後想到：「為什麼**我**不去撿起來呢？」於是我撿了。又比方說，我平常會跟我們家附近鄰居短暫接觸，很多人我每星期都碰到，但總習慣性保持冷漠，彷彿我是第一次來這家藥妝店或這個報攤似的。現在，我會朝那些熟悉的陌生人露出微笑，說聲：「哈囉！」

這些做法似乎微不足道，但我不得不承認，我的行為因此有了真正的改變。但我對自己有更高的要求：生性內向的我，希望自己更放得開，能做些什麼呢？

我想到：可以幫別人牽線。現在經濟不景氣，大家格外需要幫助。我平常會接觸到很多獨立接案的人：影片攝影師、網頁設計師、作家和編輯、虛擬助理、平面設計師、健身房教練、藝術家、作家經紀人，以及社交媒體顧問等等。過去我本來就常推薦一些我尊重的專業人士，現在我更努力協助他們尋找機會。比方說，隨時只要有可能，我就會推薦「曼哈頓家庭網路」的電腦專家查爾斯．史坦登（Charles Stanton），因為我非常欣賞他的專業能力。另外，我也能體會寫作者的困難，所以我會在自己的網站上推薦很棒的作品，也會在部落格上貼出別人的部落格連結網址，盡可能多推薦一些好書。

這些都不是什麼了不起的善行，而是非隨機的小事。即便如此，也值得。

你，有沒有自己的「加爾各答」？

我知道，要培養真正的睦鄰感，我就得把注意力擴展到我們這棟大樓和熟人圈子之外。但是要怎麼做呢？

幾年前，我開始「仿效一位精神導師」——聖女小德蘭。我太崇拜聖女小德蘭了，甚至還因此對其他同名的精神導師也產生了興趣：十六世紀的聖女大德蘭（Teresa of Ávila），她是偉大的改革者、創建者及神祕主義者；還有當代的德蕾莎修女（Mother Teresa），她不屈不撓地在加爾各答等地為「窮苦中的至苦者」服務。（德蕾莎修女曾認真澄清，她的名字是源自「小花」聖女小德蘭，而非聖女大德蘭。）

我閱讀有關德蕾莎修女的書籍時，有一句話特別讓我印象深刻。每當有人希望追隨她，或是問她要如何才能像她一樣，她會告訴對方：「去尋找你自己的加爾各答吧。」意思是：不要只看她所創立而聞名的組織，而是要去找到我們自己的目標。就像她經歷了「召喚中的召喚」，引導她找到某項人生使命，我們每一個人也該找到能激發自己採取行動、發揮自己所長的目標。

那麼，我找到了我的加爾各答了嗎？沒有。

我的確奉獻時間、精力與金錢，在紐約公共圖書館當義工。我一直深受圖書館吸引；我喜歡那種可能性和勤勉的感覺，喜歡沉默相伴的感覺，喜歡書。大學時代每當我心情不好，就會到龐大的史特林圖書館（Sterling Library）去。我會隨便挑一層樓，在塞滿書的架子間探索，總能給我一種興奮與探險的感覺，彷彿即將發現什麼寶藏。我太愛圖書館了，因此有機會協助圖書館，當然是義不容辭。

當義工是好事，也能增加個人快樂。一份「國家與社區服務協會」（Corporation for National and Community Service）所做的研究指出，擔任義工的人通常會比較快樂、比較健康，身心老化的徵兆也比較少——這不只是因為比較健康和快樂的人更樂於助人，也因為幫助他人之後，可以讓自己更快樂。大約有四分之一的美國人擔任義工，而且其中三分之一的人每年服務時數超過一百個小時。然而，一個不快樂的人，通常很難去幫助別人。他們往往認為自己的問題已經夠多了，哪來的力氣管別人？但其實如果他們真的去幫助別人，可能就會快樂些。

那麼，紐約公共圖書館真是我的「加爾各答」嗎？不，對我來說，德蕾莎修女指的，是那種「需要我特別關注、能發揮所長」的目標。這個目標是什麼呢？我想起孟子說的「道在邇而求諸遠」，我才發現，其實已經有個答案早已存在於我的生活中：器官捐贈。

詹米有C型肝炎，肝臟長期處於潛在的威脅中。我們希望他的肝臟可以撐到新療法出現。儘管詹米外表看起來完全健康，目前並不需要肝臟移植，而且有可能永遠也不需要，但器官捐贈對我們而言，要比其他人來得更切身許多。幾年前，我就已經參與過一個叫做「紐約器官捐贈網路」（New York Organ Donor Network）的器官勸募組織，致力於改善器官捐贈的流程、協調捐贈配對，並協助紐約市本地的捐贈者家庭。

參與這個組織，讓我得知有關器官捐贈的種種重大挑戰。在美國，可供移植的器官嚴重不足。解決方式之一，就是讓更多人成為器官捐贈者。在紐約，有八三%的人支持器官捐贈，但要如何促使他們把這個信念化為實際的簽署行動呢？

在紐約，九五%簽署器官捐贈的人，都是在監理處申請或更新駕照時順便辦理的。但問題是，紐約市符合捐贈資格的人當中，其實只有一五%簽署了器官捐贈書（美國平均是四〇%，有些州更高達七五%）。為什麼？原因之一是紐約的駕照每八年才更新一次（對駕駛人來說是好事，但對器官捐贈就不是了），而且監理處配合的意願不高，再加上目前的網路簽署流程非常不便民。

就在我尋找「加爾各答」期間，正好紐約器官捐贈網站來了一位新主管，負責行銷與公關，監理處也開始願意配合。另外，有人提議要把負責器官捐贈簽署的單位，從紐約衛生局轉移到紐約捐贈聯盟（一個由紐約各個器官勸募組織和人體組織庫所組成的團體）。這個改變將對器官捐贈大大有幫助，換單位之後，器官捐贈簽署的設計和推動將更有效率。

有一位在某個基金會工作、負責撥款資助社會公益事業的朋友，幾年前曾跟我提到：「每次與申請補助的人面談，我都會請他們描述領悟『此事捨我其誰』的那一刻，我很想聽他們怎麼說。」

「什麼是『此事捨我其誰』？」我問，因為我從沒聽過這個說法。

「就是你覺得必須『有人』來幫助社會預防瘧疾蔓延，或是必須『有人』來教孩子學戲劇等等，然後你想到：『嘿，這個人，就是**我**』的那一刻。」

我的「此事捨我其誰」的那一刻，正是我想到器官捐贈活動的當下。這，就是我的「加爾各答」。雖然我不是醫師或器官捐贈專家，但在這個領域，我的知識和技能可以派得上用場，而且我深信，這件事非常重要。

就在這時，出乎我意料的事情發生了：我對器官捐贈簽署的興趣，引發了詹米的興趣，於是他也開始參與了。結果證明，他的加入非常重要，因為他對自己認識的人有著百科全書式的記憶——他知道對方的興趣、專長、技能。他找到幾個有關鍵影響力的人加入之後，成果也更加可觀。

能和詹米合作，讓我很開心。新婚那幾年，我們都在華府聯邦通訊委員會主席瑞德·杭特（Reed Hundt）底下工作，我們常參加同樣的會議，常收到同樣的公事電子郵件。當時，我就很高興有機會看到詹米的另一面（例如他古怪的公文寫作風格，跟平常寄給我的信截然不同）。現在，我們又再度一起工作了。不止如此，後來我公公和婆婆也開始加入，每個人都有貢獻。原來他們也很關心器官捐贈，只是以前不曉得該如何幫忙。

能發揮所長，協助推動器官捐贈，有沒有讓我更快樂呢？當然！

在家裡某個角落，藏起一個小世界

四月的一個陰天下午，我去伊萊莎的學校接她放學，然後到惠特尼美術館（Whitney

Museum of American Art）進行我們每週一次的探險。離開美術館前，我們停下來欣賞一件我向來很喜歡的作品：查爾斯．賽蒙茲（Charles Simonds）的《住家》（*Dwellings*），就在主樓梯一個不起眼的角落、一扇窗子旁，這是一座小小的、黏土做成的山頂屋宅景觀，讓人聯想到美國西南部原住民的懸崖屋遺址，看起來很古老。作品雖然很小，感覺卻是不朽。

這時，我頭一次注意到旁邊有一張字卡，解釋這件雕塑的材質是黏土、沙、石頭、木材，作品共有三部分，眼前只是其中之一。另外兩部分放在美術館外：一個位於對街商店二樓的窗台上，另一個則在一棟公寓大樓的煙囪頂蓋下方。

「哇，」我跟伊萊莎說：「原來這個雕塑的另外兩部分，在美術館**外面，就在對面！**」

「什麼？不會吧。」

我們都望著窗外。「就在那裡，我看到了！」我指著說：「兩個都看到了！」

「哪裡？」

「那裡，那棟大樓的窗台上。另外再往上，就在那個煙囪的小頂蓋下頭。」

「哇，」伊萊莎叫道：「我也看到了！就在戶**外**耶！可以這樣嗎？把藝術品放在戶**外**？」

「真是太美了，」我說：「我們經過那棟大樓有幾十次了，真不敢相信我們從來沒發現。」我們站在那邊看了好久。

終於走出美術館後，我們站在街上看那兩個作品，此時伊萊莎問我：「可以停下來一會兒嗎？我想拍照。」

「當然可以。」

她舉起手機，從幾個不同的角度拍了照。「照片絕對拍不出親眼看的那種感覺。」她喃喃說道。

回家的路上，我們不停談著那件作品。我上一次為了一件藝術作品這麼興奮，是去看芝加哥藝術館（Chicago Art Institute）所展出的約瑟夫．柯內爾（Joseph Cornell）作品。

從小到大，我都希望自己能從藝術中獲得更多愉悅。我總覺得自己似乎就快要更能欣賞、更熱愛藝術，但不知怎地，我的興趣卻始終找不到正確的途徑。比方說，我上過素描課，因為我以為學畫畫可能有助於我鑑賞藝術，但結果沒有。回家路上，我問自己：「為什麼這麼喜歡《住宅》這件作品？」我從自己的快樂生活實驗中所學到的關鍵一課，就是留意那些會引燃熱情的事物。過去，我常忽視心中偶爾升起的強烈興趣，我會欣賞某些作品，或是迷上某些主題，但總是點到為止。後來我想到，能引起我熱情的事物其實不多，因此我不該忽視任何一個。想著那件縮小的景觀作品《住宅》，忽然間，我想要做一件事：「打造一個祕密所在。」

「我有個很棒的點子，」我抓住伊萊莎的手臂：「我們把一個縮小的景觀放在**我們家裡**如何？我們來做個小模型——放在浴室醫藥櫃裡，或是擺在某個書架上！一定會很棒。」

「對，一定很棒！」伊萊莎立刻明白我心裡的想法：「但問題是，」她說：「作品一定要很好才行，但我們做不出那麼好的。」

「沒錯，」我點點頭：「我們希望這個作品真的很美。但是要去哪裡找呢？」

「或許查爾斯．賽蒙茲還有其他作品。」

「對，但他的作品都被美術館收藏了，買起來一定很貴。或許還有一些藝術家——甚至不是專業的藝術家——也做微景觀模型。但我們要去哪找……我得研究一下。」

那天晚上，我媽打電話來，我告訴她賽蒙茲的那件作品，還有我們決心在家裡放一個景觀模型。

「我在網路上查到他的作品了，」我媽說：「真的很美。」

「想像一下，如果打開廚房的櫥櫃門，看到一片懸崖屋，或是醫藥櫃裡有個祕密的美人魚場景……」

這時，只見艾麗諾臭著一張臉走來。

「媽咪，我們有個問題了。」她的表情好嚴肅。

「媽，稍等我一會兒。怎麼了，艾麗諾？」

「你剛剛跟外婆說，你想要一個景觀模型。可是你知道，我很喜歡跟這些小東西玩，如果你弄來了模型，我會想在我的地盤玩。」

「唔，那倒是，」我告訴她：「我很高興你提起這個問題，我們得想一想。」她說得沒錯，她會想玩這個模型景觀，我們得找個辦法才行。

接下來幾天，我研究了一下。我在推特和臉書上請大家推薦，伊萊莎和我也在一個販賣手工品的網站 Etsy.com 上搜尋。另外，我寄了幾封電子郵件給一些愛好藝術的朋友，還寫了張條子提醒自己租《微型家具》（*Tiny Furniture*）這部電影回來看。

「你來看看這個，」有回我和伊萊莎各自在電腦上搜尋時，我跟她說：「這叫做移軸鏡攝影（tilt-shift photography）。」

「這是拍攝迷你模型的一種方式嗎？」她問，隔著我的肩膀看著螢幕。

「不是！」我回答：「有趣的地方就在這裡。這些是實景照片，移軸鏡技術讓每樣東西看起來都像縮小版。」

「我們可以這麼做嗎？」

「有可能！等我們研究過迷你模型後，再來研究這個吧。」

最後，我找到一個會做那種作品的人，而且就住在紐約市。一個朋友看見我在推特上的貼文之後，給了我一個連結網址，介紹我看賈克琳・施密特（Jacqueline Schmidt）的作品。結果我立刻就被迷住了，我寫了電子郵件給她並通了電話。她似乎完全理解我想要的是什麼，然後她到我家來看看空間，我們談到一些可能的元素：一片山頂景觀，上頭有青鳥（我的象徵）、雛菊（伊萊莎的象徵）、蝴蝶（艾麗諾的象徵），以及黑莓灌木（詹米的象徵），加上一條小溪或一個池塘、明亮的雲、半隱藏的樹屋、一個有四顆蛋的鳥巢——不是寫實派的山頂，而是一個奇幻的、插畫家派瑞許（Maxfield Parrish）風格的山頂。我們又進一步交談幾次後，她答應開始製作。

我興奮極了。我們很快就會有一件迷你型景觀模型了！那天晚上我很興奮地把這些計畫告訴詹米。「這要花多少錢啊？」他問。

「還記得之前我們一直在說，要買個特別的東西慶祝我們的四十歲生日嗎？」我回答：「結果一直都沒買。我們應該把錢花在**這個**上頭。」

「好啊，聽起來不錯。」他說：「但是這麼一來，我們不就失去了一個重要的碗櫥空間了？原來那些東西要放哪裡？」

「我會安排，沒問題的。」

這下我終於明白，原來我從小就愛上了迷你模型。幾十年來，我都珍藏著一份破舊的博物館簡介，裡頭介紹的是「科琳・摩爾的童話城堡」（Colleen Moore's Fairy Castle），這個精緻的模型屋是在芝加哥的科學與工業博物館展出的。從小到大，我一直很喜歡黛兒・萊特（Dare Wright）那些驚人的娃娃寫真集：《孤獨的娃娃》（*The Lonely Doll*）、《帶我回家》（*Take Me Home*）、《小傢伙》（*The Little One*）。我曾剪下《連線》（*Wired*）雜誌上一篇有關蘿麗・尼克斯（Lori Nix，一位專門製作並拍攝迷你景觀模型的藝術家）的文章。去年到迪士尼樂園時，我最喜歡玩的就是童話世界，我還買了那個山景模型回來，打算跟伊萊莎一起玩。

明白了這點，我終於可以好好擁抱這個過去從沒注意到的熱情。

接受內心深處的真我

我的追求完全說明了：順著自己的天賦，我就能有最好的表現。當我追求一個適合自己的目標，就會進行得又快又容易；當我追求一個不適合自己的目標，就會覺得處處受阻。

我第一次發現天賦的重要性，是從觀察別人而來的。「你怎麼曉得要把幻燈片報告做得那麼生動活潑？」我曾羨慕地問。「你怎麼找到有賣蘭姆酒米布丁的店？」這類事情總是難倒我。「啊，不知道耶，」對方常會含糊地回答：「我就是到處打聽。沒那麼難啦。」話雖如此，對我而言還真是很難。然而，如果換作別人問我：「你怎麼知道去哪找經紀人？如何開始以寫作為業？」或是「你的部落格如何吸引那麼多人瀏覽？」我發現，我也會不自覺以同樣的方式回答：「ㄟ，我只是稍微研究一下……要搞懂沒那麼難。」

我以前老告訴自己，應該多學習藝術。「藝術很美，很有趣，很好玩！」但不知怎地，我總是搞不清該從何入手。但當我仔細留意吸引我的是什麼、喜歡看的是什麼——不是我**應該**喜歡什麼，而是我**確實**喜歡的——我也找到追求的方式。我平常有好多事情要做，卻會不自覺花上好幾個小時，看著某些藝術家的作品。我不必下決心「忍受十五分鐘」，或找其他方法去刺激自己達到這個目標。那些喜歡的作品，我永遠看不夠。

建築師亞歷山大（Christopher Alexander）評論道：「取悅自己很難，難得不得了。聽起來很容易，但其實完全不是那回事，這幾乎是全世界最難的事，因為我們不見得能安心接受內心深處的那個真我。」

所以又回到那句老話：做自己就對了。

| 5月 |

身在福中深知福

把握現在，勇敢做自己

「平安！平安！平安！」屋子的心跳搏動得好厲害。
我醒來，喊著：「啊，這就是你們埋葬的寶物嗎？心中的亮光。」
——維吉妮亞．吳爾芙〈鬧鬼的房子〉

✡不裝模作樣，不懷有戒心
✡家裡留個可以讓你亂丟東西進去的抽屜
✡珍惜生命中的美妙

幼稚園的學年快要結束了，六年級的學年也快要結束了！我的月曆上充滿了年終事項：「幼稚園惜別會——要帶柳橙汁」、「買謝師卡」、「六年級野餐」，還有我最不喜歡的一項，「完成健康檢查表格」。

時間怎麼過得這麼快？

我還記得九月初那些晴朗的日子，艾麗諾才和我初次去探索她幼稚園的教室。在早秋的晨光中，伊莉莎還跟我們一起走路去學校。

很難相信夏天快到了。在第一個溫暖的週

末，我告訴詹米：「**這個週末**我真的很想帶兩個女兒去中央公園玩旋轉木馬。伊萊莎這輩子只去過一次，艾麗諾從來沒去過。」

「好啊，」詹米說：「可是何必這麼急？」

「我們得**現在**就去做這些事。感覺上我們好像有大把時間，但伊萊莎已經**十二歲**了！幾乎大得不該玩旋轉木馬了，說不定其實已經太大了。而艾麗諾是六歲，我們得**現在**就去。」

「好吧，」他說：「那我們今天就去。」（但結果我們那天沒去，還是得另外找時間。）

我看著五月那張乾淨、空白的決心表。這個月，是我快樂生活提案的最後一個月，真希望我能完全遵守各項決心！有時候，我會希望自己忘了那些決心——我想工作，不想跟伊萊莎去紐約市博物館。早晨出門時，我不想花時間幫那個走得很慢的女人扶著門，甚至還要禮貌地對其他家長打招呼。我不想深入挖掘，不想針對別人送禮的心意做出回應，或是忍受十五分鐘。

然而，其實只要我遵守種種決心，我就會過得更快樂。有天晚上我剛進家門，心不在焉地向艾麗諾的臨時保母愛許莉揮了揮手，就匆忙要寫張提醒自己的便條（如果我想到什麼重要的事情，不馬上寫下來，可能就再也想不起來了）。正當我抓起一張學校發的鏈球菌性喉炎通知單，翻到背面，打算用斷掉半截的藍色蠟筆寫字時，艾麗諾氣沖沖朝我大步走來。

「你沒有給我溫暖的問候！」她氣呼呼地說：「剛剛我說『嗨』，你也只是說『嗨』，可是根本沒正眼看我。」

「啊，親愛的寶貝，」我說著跪下來：「對不起。我想趁自己忘掉之前，寫張條子提醒自己，所以才會不專心。」我說：「來，讓我抱一下，小可愛。」

有幾個決心事項，讓我想起快樂的矛盾現象：「快樂本身，不見得會讓你**感到**快樂。」對，也不對。十月之前，我幾乎從沒想過開車。後來去開車，覺得有點不安。現在我想到開車，還是很害怕。「我真的很想擺脫這種焦慮，」有天我在電話裡面告訴我妹：「我想開車，又怕開車。可是當我看見自己克服恐懼，感覺又很滿足。」

幾乎每一天，我都會多多少少壞了自己所訂下的決心，幸好，逐漸有了進步。伊萊莎開始上吉他課時，她問我要把吉他收在哪裡，我原本想也不想，就叫她放在一個很少用的櫥櫃裡，接著我才想起自己先前就想過的：「方便性」是加強自我控制的好工具，於是，我趕緊要她把吉他放在她房間的角落裡——只要她覺得愈方便拿起吉他，她就會愈常練習。（一個朋友建議我幫她買個吉他架，但這種專門的、可有可無的東西，是我這種買太少的人絕對不會去買的。）

簡單就是不裝模作樣，不必懷有戒心

過去幾個月，我的家，的確更能真實反映我的喜好和品味了，我在家裡也覺得更快樂。我一遍又一遍地告訴自己：「我可以選擇要做什麼，但無法選擇我**喜歡**做什麼。」我明白，要快樂的話，我就得「做自己」。空蕩的置物架能讓有些人快樂，收藏品會讓另一些人快樂，在住家附近散步會讓某些人快樂，走在中國的長城上則會讓另一些人快樂。對**我**來說，什麼才是真正的快樂？

有一則禪宗公案說「見佛殺佛」，意思是：仿效——例如佛陀這樣的精神導師——未必是通往快樂的途徑。我得遵從自己真正的本性。

我的家，反映了我這個人，所以我努力讓自己的家更有家的感覺，其實是了解自己的一種延伸形式。要讓家裡更有家的感覺，我就得了解自己，面對自己。這才是真正的簡單：做自己，不裝模作樣，不必懷有戒心。

「做自己」就是通往快樂的途徑，但這個決心也帶著一種哀傷——這種哀傷源自於承認自己的局限、自己的無足輕重，以及接受自己的缺點。如果想讓每一天都填滿自己喜愛的事物，我們就得先弄清楚哪些事物對快樂毫無益處。這意味著，我家不會有發亮的名貴鋼琴，背景不會有爵士樂，門邊不會有吠叫的狗，衣櫃裡不會有滑雪裝，門廳小几上不會有鮮花。我擁有的，是屬於自己的聖殿，裡頭放著我珍愛的寶物。我愈提醒自己「做自己」，我的生活就改變得愈多。感覺上更簡單，卻也更豐富。一如隱修士牟敦（Thomas Merton）在他的日記中所寫的：「我最大的野心，就是成為我現在的樣子。」

而一如我所期盼的，「待在家裡也不錯」的計畫，也使我的家人更快樂。溫暖的問候、假日早餐、美好的氣味、碗櫥裡的山貝模型——甚至是更乾淨的置物架——都為全家人帶來一種更輕鬆、更有愛意的氣氛。

我將過去九個月來所匯集的成果，擬出一份更奇想式的「家庭版成人的祕密」。蘇格蘭作家史蒂文生（Robert Louis Stevenson）曾指出：「保持快樂的習慣，讓一個人擺脫外在環境的支配。」（話雖如此，如果家裡多放幾包衛生紙備用，我還是會覺得很快樂就是了。）

- 筆已經沒墨水了，立刻丟掉。
- 每個房間都該有紫色。
- 不接受任何免費的東西。
- 燈泡壞掉，或是捲筒衛生紙用光了，馬上換新的。
- 門或抽屜應該很容易關上。
- 把東西留著不丟通常比較省事，因為你不必猶豫是否該丟，但還是**現在**就丟了吧。
- 每個房間都要放幾枝筆、一本記事本、一把剪刀。
- 必須記住的事，就要寫下來。
- 讀完一本雜誌後，把封面撕掉，表示你看完了。如果兩個月都沒看，就整本丟掉。
- 把一個大任務，分割成幾個小任務。
- 手機和筆記型電腦，要隨時充飽電。
- 鑰匙要收在固定的地方。
- 在家裡某個地方，放一疊現金。
- 別等到印表紙沒了才買新的。

・如果某件事物對你很重要，就應該排出時間去做，或在家裡騰出地方放。
・拖著不做的事，才是最令人厭煩的。
・如果不是我真心想要的東西，得到它並不會讓我快樂。
・在家裡找個地方留一個空的置物架；在家裡某個地方，留個可以亂丟東西進去的抽屜。

身在福中不知福，是人類最愚蠢的天性

這個月，我更明白了一個道理：**現在**很重要。

現在，就是你開始「做自己」的時候，也是更快樂的時候——不是等到我寫完稿子，也不是等到我處理完電子郵件。作家卡內提（Elias Canetti）曾說：「我們總天真地以為，**以後**會有更多時間，比我們過去的總和還要多。」如果我**現在**沒時間裝飾全麥餅乾屋，或是跟詹米吻別，或是去大都會博物館看厄琉息斯飾板，那就一定要騰出時間。

人類最改不掉的愚蠢天性之一，就是老以為自己無法擁有真正的快樂。這是「達成的錯覺」，指的是我們傾向於相信，一旦達到某個既定的目標，**之後**我們就會很快樂。人們通常

都預期未來會比過去更快樂一點：在一份研究中，受訪者被問到他們十年後會怎樣，其中已經對自己人生很滿意的人，有九五％都相信自己還會更滿意。

我這輩子——無論是大學時代、擔任奧康納大法官的助理時、艾麗諾還沒上學那幾年、還有以寫作為業的這些年，甚至是在我的婚禮時——老是有一種「跳躍感」，覺得自己每次都很快地從序幕就跳到收場，未曾享受「過程」中的愉悅。我老是想「現在做還太早」、「將來我有的是時間」、「現在的我還太年輕」，然後彷彿就在一夜之間，我的想法就忽然變成「現在做，太遲了」、「來不及了」、「我太老了」。在英國作家薩基（Saki）的短篇小說〈瑞吉諾在卡爾頓飯店〉（Reginald at the Carlton）中，一個角色說：「我老覺得開胃菜很可悲……讓我聯想到一個人在童年時期，老是很想知道下一道菜會是什麼滋味。但吃到往後的幾道菜時，就又恨不得自己早先多吃點開胃菜。」我不想到了人生晚年，才但願自己能多體會之前的人生風景。

剛過去的冬天，我就犯了這樣的錯誤。一月和二月下了大雪，但我老是視若無睹，總以為往後會有更多下雪天，**到時候**我就會撥出時間好好享受。但是，在第三場大雪之後，就再也沒下過雪了。我一直等，結果再也沒機會堆雪人了。

除了跳躍感，我也常得說服自己相信這一切都是真的，因為我老覺得身邊所有人，都在演戲。比方說，詹米講電話時會說「真不敢相信他們期望我們的稅前盈餘能翻倍」、「二五％很棒，但重點在於趨勢」、「我們以本益比大約十二倍賣出」或是「我今天上午在資料室找過了，什麼都沒找到」。我心想：「他還真會模仿財經專家的口吻。」但問題是，他本來就是財經專家啊。還有，我一位朋友談到寫書評的事，也讓我心想：「她講起話來就像是報紙上的書評人。」但實際上，她的確就是書評人。我老爸常擺出一副祖父的樣子，但他本來就有孫女兒。大家都不是在玩家家酒，而是真實的人生。

在某種意義上，玩家家酒的感覺讓人生感覺沒那麼嚴肅，但是我不喜歡這種態度。我**正在**過自己真正的生活，我得讓自己活在當下，如果我老等著「以後」更快樂，等著「以後」再來享受，等著「以後」才去做自己明知該做的事情，以後可能就再也沒機會了。

生活多麼美妙、多麼稍縱即逝，又多麼珍貴

我的快樂生活實驗，就是努力想讓自己珍惜人生，不讓光陰虛度。當我反省過去一年來

對這個家所做的種種改變，我再一次領悟到約翰生博士所引用的那句神祕名言：「能夠將遠方豐厚財富帶回家的人，其人必然身懷豐厚財富。」我的家，就反映了我這個人：若要它寧靜、歡樂、充滿愛意，那麼我自己就得把這些精神帶進家中。為了要讓這個家更有家的感覺，我就得心中有家、珍惜這個家。**快樂的家，不是布置出來的有形處所，而是我必須養成的一種心態。**

因此，隨著這個月的逐步展開，我閱讀說明書，進行網路器官捐贈簽署，計畫一個小小驚喜（**上課日**的晚上吃爆米花看電影，對我兩個女兒是興奮的一大享受）。我害怕開車，但我還是照開。製作家庭相簿。停下腳步，聞聞克萊門氏小柑橘的香味。在兩個回憶箱裡面，我小心翼翼放進了伊萊莎第一件嬰兒連身服和她在托兒所用的餐墊，還有艾麗諾那雙小小的芭蕾舞鞋和她第一顆掉下來的牙齒。我把這些寶物收好，免得萬一搞丟了。

然後，在五月底的最後幾個下午，我從圖書館走回家的路上，忽然領悟到一件事，但不知怎的之前一整年都沒想到。「蘿拉・懷德（Laura Ingalls Wilder）是寫家寫得最棒的人！」我心想。她作品的主要結構，就是房子與家這個主題！我愈走愈慢，最後幾乎是停在人行道上，好讓自己徹底想清楚。

只要聽到《大森林裡的小屋》（*Little House in the Big Woods*）這幾個字，就讓我有種排山倒海的感覺，想到童年、想到舒適，想到他們在那個大森林中渺小的生活。很久很久以前，早在一個世紀前，大樹林裡有一棟小屋，閣樓裡堆著南瓜，壁爐架上有個牧羊女瓷娃娃——對於住在屋裡的那個小女孩來說，那就是全世界。

然後我再度想起自己讀過無數遍的一段話，想起《大森林裡的小木屋》最後一頁，五歲大的蘿拉睏兮兮時所想的。

> 小提琴樂聲停止時，蘿拉輕聲說：「爸，什麼是 auld lang syne 呢？」
>
> 「就是很久很久以前的時光，蘿拉。」爸爸回答。「來，快睡吧。」
>
> 但蘿拉又醒著躺在那裡一會兒，聽著父親的小提琴柔聲演奏，聽著大森林裡孤寂的風聲。她看著父親坐在壁爐旁的長椅上，火光照亮他褐色的頭髮和鬍子，為蜜褐色的小提琴罩上一層光澤。她看著媽媽一邊輕輕搖晃，一邊編織著。
>
> 她告訴自己：「這就是現在。」
>
> 她很高興這個舒適的小屋、爸爸媽媽、火光和音樂，都是現在。她不可能忘了這一切，

她心想，這就是現在。永遠不會是很久很久以前。

那個春日午後，我走上我們那棟公寓大樓的門前台階，抬起頭看著這個大城市裡我那棟小公寓的窗子，我提醒自己：「**就是現在。**」然後我明白了小蘿拉當時還不曉得的道理。**這就是現在，而且現在就已經是很久以前了。**

我轉動鑰匙，推開大門走進去，想著自己的日常生活多麼美妙、多麼稍縱即逝，又多麼珍貴。

這就是現在。**這裡**，就是我的寶藏。

謝辭

在我的快樂生活實驗中，儘管我所學到的關鍵一課，就是感激的重要性，但我沒辦法謝謝每個對我的計畫有貢獻的人，因為幾乎每個我認識的人，都給了我一些對快樂的深刻意見。不過某些人對本書的貢獻，的確應該要特別致謝。

首先是我才華橫溢的經紀人 Christy Fletcher，謝謝她內行的批評、準確的判斷、對創作實驗的熱情、對資訊永不滿足的渴望，以及她懂得如何對付我寫作時的種種陣痛和神經質。還要謝謝她公司裡的其他成員：Alyssa Wolff、Melissa Chinchillo，以及 Mink Choi。

我也要特別感謝 Crown 出版公司的每個人，尤其是了不起的編輯 Sydny Miner 和傑出的發行人 Tina Constable，還有 Meredith McGinnis、Tammy

Blake、Maya Mavjee、Michael Palgon，以及我的加拿大版發行人 Kristin Cochrane。

此外，當然一如往常，要謝謝 Ashley Wilson 和 Freda Richardson 在本書寫作期間的協助。謝謝 Sarah Scully 告訴我有關阿提拉駕訓班的事，並以她自己的例子激勵及啟發我，讓我克服了對開車的恐懼。謝謝 Screech Owl Design 的 Jacqueline Schmidt，讓我的櫥櫃裡添了個迷你型山景。謝謝曾跟我一起為器官捐贈而共事的每個人，尤其是「紐約器官捐贈網路」的 Helen Irving、James Pardes、Julia Rivera、Sander Florman 醫師、Sally Rogers、Peter Hutchings，特別是 Elaine Berg，及 Tusk Strategies 顧問公司的 Bradley Tusk 和 Caitlin LaCroix，還有 John Cordo。另外，一如往常，要向了不起的 Leona Kim 醫師特別致謝。

衷心感謝在本書初稿完成期間，曾提出評論的讀者們：Elizabeth Craft Fierro、Jack Craft 與 Karen Craft 夫婦、Kim Malone Scott、Reed Hundt、Helen Coster、Jennifer Joel、Michael Melcher、Rebecca Gradinger，以及最要感謝的 Laureen Rowland。

在《待在家裡也不錯》和《過得還不錯的一年》兩本書的寫作過程中，我很幸運能跟許多優秀人士合作，在此也致上謝意：獨一無二的 Jayme Johnson，Apartment One 團隊的 Liza Lowinger、Spencer Bagley、Raima McDaniel，還有 Tom Romer 及 Chopping Block 的成員。了不起的 Rosemary Ellis、Veronica Chambers，以及 *Good Housekeeping* 雜誌的工作團隊。還有 My Little Jacket 的 Maria Giacchino，以及 Alexander Mallis。另外還有 UTA 公司的 Howie Sanders 與 Leslie Schuster。

謝謝我每個朋友，不光是讓我非常快樂，也提供我許多洞見、例子，以及難忘的經歷：我的讀書會同好、我的兒童文學讀書會、Invisible Institute、MGM 以及其他曾給我無數點子和絕佳激勵的團體。另外也要大大感謝部落格天地的每個朋友和其他部落客——他們是我每天快樂的一大來源。尤其感激不盡的是「快樂生活實驗部落格」的讀者們，特別謝謝那些讓我引用他們文字的人。在快樂這個主題上，能夠跟有想法的讀者交流，對於我的理解和熱情太有幫助了。

最後，一如往常，我要謝謝家人給我的愛和容忍，還有提供給我寫這本書的種種建議。你們就是我的家。

｜快樂生活實驗｜

啟動你的 Happiness project 吧！

只要開始自己的快樂生活實驗，我相信，絕大部分人都可以從中受益。

每個人的快樂生活實驗都會是獨一無二的。我在這本書裡所分享的快樂生活實驗，是從九月到五月——而且我希望能持續一輩子。但你的快樂生活實驗，可以從任何時候開始，持續多久也由你自己選擇。

要決定自己該進行哪些決心事項，可以參考第一條快樂真理：

1. 什麼讓你有**好感覺**？哪些活動讓你覺得有趣、滿足，或興致高昂？
2. 什麼讓你有**壞感覺**？什麼是你生活中憤怒、煩躁、無聊、困惑、焦慮的來源？

3. 你的生活中，有什麼讓你無法**感覺對了**？你但願自己能換工作、換地方住、改變家庭狀況，或改變其他環境嗎？你實現了對自己的種種期望嗎？你的生活能反映你的價值觀嗎？

4. 你有**成長的氣氛**的來源嗎？你生活中的哪些元素，能讓你覺得進步、學習、挑戰、改善，或是增加掌控程度的？

一旦你判定哪些領域需要努力，下一步就是要擬出特定的、可衡量的決心事項，好讓你評估自己是否有進展。這時，具體的決心事項會比較有用：比方說，「當個更有愛心的父母」這種決心，要比「早起十五分鐘，好在小孩醒來前換好衣服」更難以執行。

另一個有用的方法，是找出自己的個人守則——就是你希望用來指引自己行為的原則。比方說，我最重要的個人守則，就是「做自己」。

為了協助讀者想出自己快樂生活實驗的決心事項，我會定期在我的部落格上貼出建議和研究，請參見 happiness-project.com。

除了擬出特定的決心事項之外，另外很重要的一點，就是找出方法評估自己是否有進展，同時對自己負責。我模仿富蘭克林的「美德表」，設計出我自己的「決心表」。如果想參考我的決心表當例子，請寄電子郵件到 gretchenrubin1@gretchenrubin.com 或透過我的部落格索取。

你可能也想發起或加入一個快樂生活實驗團體，跟其他人一起進行快樂生活實驗。在這些團體裡，大家可以交換點子、激發熱忱，更重要的是，可以彼此支援。同時，成為團體的一分子通常都能增進快樂。如果你想索取發起快樂生活實驗團體的「快樂生活實驗工具箱」，請寄電子郵件到 gretchenrubin1@gretchenrubin.com，或透過我的部落格索取。

另外，我也設立了「快樂生活實驗工具箱」網站，可以協助你擬定、記錄、追蹤自己的決心事項。網址是：www.happinessprojecttoolbox.com。上頭蒐集了很多協助我進行快樂生活實驗的工具。你可以記錄並評量自己的種種決心（無論個人的或團體的）、找出自己的守則、分享你的快樂訣竅、分享你的「成人的祕密」、持續記錄一句話日記、製作各種清單，或建立一份靈感札記，記下你最喜歡的書、摘句、電影、音樂或圖像。這些紀錄可以私密也可以公開，同時你也可以閱讀別人的公開紀錄（這部分有趣極了）。

如果你想收到我的免費每月電子信（其中包括每日部落格和臉書內容選輯），請寄電子郵件到 gretchenrubin1@gretchenrubin.com，或透過我的部落格索取。

如果你想收到「快樂時刻」（這是一份每日發送的免費電子郵件，裡頭有一段快樂摘句），請寄電子郵件到 gretchenrubin1@gretchenrubin.com。想成為「超級粉絲」志工的，請寄電子郵件到 gretchenrubin1@gretchenrubin.com。我偶爾會找你幫忙（絕對不會很繁重，我保證）。

要加入有關快樂的對話，請參考以下：

推特：@gretchenrubin

臉書：Gretchen Rubin

YouTube: GretchenRubinNY

如果想寫信給我，談談你的快樂經驗和觀點，請透過「快樂生活實驗」部落格寄電子郵件。很期待有人能談談這個樂趣無窮的主題：日常生活的實踐。

八條快樂真理

1. 要快樂，我就得思考在**成長的氣氛下**，什麼是**好感覺**、什麼是**壞感覺**，以及什麼是**感覺對了**。
2. 讓**我自己**快樂的最佳方式之一，就是讓**其他人**快樂；讓**其他人**快樂的最佳方式之一，就是**我自己**要快樂。
3. 一天天很長，但一年年卻很短。
4. 除非我認為自己快樂，否則我不會快樂。
5. **只有在符合自己本性的基礎上，才能建立快樂的人生。**
6. **我改變不了別人，只能改變我自己。**
7. 快樂的人能讓他人也快樂，但我不能逼別人快樂，也沒有其他人能逼我快樂。
8. 就是現在。

延伸閱讀建議書單

很多了不起的書都寫過快樂這個主題。這份書單未必涵蓋所有最重要的作品，但卻是一些我所鍾愛的書。

談房子與家

Alexander, Christopher. *The Nature of Order: An Essay on the Art of Building and the Nature of the Universe*. 4 vols. Berkeley: Center for Environmental Structure, 2001.

Alexander, Christopher, Sara Ishikawa, and Murray Silverstein. *A Pattern Language*. New York: Oxford University Press, 1977. 中譯本《建築模式語言》，六合，1994。

Bachelard, Gaston, *The Poetics of Space*. Translated by Maria Jolas. Boston: Beacon Press, 1958. 中譯本《空間詩學》，張老師文化，2003。

Bryson, Bill. *At Home: A Short History of Private Life*. New York: Doubleday, 2010.

Csikszentmihalyi, Mihaly, and Eugene Rochberg-Halton. *The Meaning of Things: Domestic Symbols and the Self.* New York: Cambridge University Press, 1981.

De Botton, Alain. *The Architecture of Happiness*. New York: Pantheon, 2006. 中譯本《幸福建築》，先覺，2007。

Frost, Randy O., and Gail Steketee. *Stuff: Compulsive Hoarding and the Meaning of Things*. New York: Houghton Mifflin Harcourt, 2010.

Gosling, Sam. *Snoop: What Your Stuff Says About You*. New York: Basic Books, 2008.

Maistre, Xavier de. *A Journey Around My Room*. London: Hesperus Classics, 2004.

McGinn, Daniel. *House Lust: America's Obsessions with Our Homes*. New York: Doubleday, 2008.

Norman, Donald. *Emotional Design: Why We Love (or Hate) Everyday Things*. New York: Basic Books, 2004.

Owen, David. *Around the House: Reflections on Life Under a Roof.* New York: Villard, 1998.

Perec, Georges. *Species of Spaces and Other Pieces*. Edited and translated by John Sturrock. New York: Penguin, 1997.

Pollan, Michael. *A Place of My Own: The Architecture of Daydreams*. New York: Penguin, 1997.

Rybczynski, Witold. *Home: A Short History of an Idea*. New York: Viking, 1986. 中譯本《金窩．銀窩．狗窩：家的設計史》（經典復刻版），貓頭鷹，2013。

時間

Csikszentmihalyi, Mihaly. *Finding Flow: The Psychology of Engagement with Everyday Life*. New York: Basic Books, 1997.

Steel, Piers. *The Procrastination Equation: How to Motivate Yourself to Live the Life You Want*. New York: Harper, 2010.

Vanderkam, Laura. *168 Hours: You Have More Time Than You Think*. New York: Portfolio, 2010.

Zimbardo, Philip, and John Boyd. *The Time Paradox: The New Psychology of Time That Will Change Your Life*. New York: Free Press, 2008. 中譯本《你何時要吃棉花糖？：時間心理學與七型人格》，心靈工坊，2011。

一些有關人際關係的好書

Christakis, Nicholas A., and James H. Fowler. *Connected: The Surprising Power of Our Social Networks and How They Shape Our Lives*. New York: Little, Brown, 2009. 簡體中譯本《大連接：社會網絡是如何形成的，以及對人類現實行為的影響》，中國人民大學出版社，2013。

Demarais, Ann, and Valerie White. *First Impressions: What You Don't Know About How Others See You*. New York: Bantam Books, 2005.

Faber, Adele, and Elaine Mazlish. *How to Talk So Kids Will Listen and Listen So Kids Will Talk*. New York: Avon Books, 1980.

———. *Siblings Without Rivalry: How to Help Your Children Live Together So You Can Live Too*. New York: Quill, 1987.

Felps, Will, Terence R. Mitchell, and Eliza Byington, "How, When, and Why Bad Apples Spoil the Barrel: Negative Group Members and Dysfunctional Groups." *Research in Organizational Behavior* 27 (2006): 175-222.

Fisher, Helen. *Why We Love: The Nature and Chemistry of Romantic Love*. New York: Henry Holt, 2004.

Gostick, Adrian, and Scott Christopher. *The Levity Effect: Why It Pays to Lighten Up*. Hoboken, NJ: Wiley & Sons, 2008.

Gottman, John, and Joan DeClaire. *The Relationship Cure: A Five-Step Guide for Building Better Connections with Family, Friends, and Lovers*. New York: Three Rivers Press, 2001.

Gottman, John, and Nan Silver. *The Seven Principles for Making Marriage Work*. London: Orion, 2004. 中譯本《恩愛過一生：幸福婚姻7守則》，天下文化，2000。

Littman, Jonathan, and Marc Hershon. *I Hate People! Kick Loose from the Over bearing and Underhanded Jerks at Work and Get What You Want Out of Your Job*. New York: Little, Brown, 2009.

McGrath, Helen, and Hazel Edwards. *Difficult Personalities: A Practical Guide to Managing the Hurtful Behavior of Others (and Maybe Your Own)*. New York: The Experiment, 2010.

Orbuch, Terri. *Five Simple Steps to Take Your Marriage from Good to Great*. New York: Delacorte Press, 2009.

Parker-Pope, Tara. *For Better: The Science of a Good Marriage*. New York: Dutton, 2010.

Sutton, Robert I. *The No Asshole Rule: Building a Civilized Workplace and Surviving One That Isn't*. New York: Warner Business, 2007. 中譯本《拒絕混蛋守則》，人塊文化，2009。

Szuchman, Paula, and Jenny Anderson. *Spousonomics: Using Economics to Master Love, Marriage, and Dirty Dishes*. New York: Random House, 2011. 中譯本《小倆口經濟學》，時報，2011。

Thompson, Michael, and Catherine O'Neill Grace. *Best Friends, Worst Enemies: Understanding the Social Lives of Children*. New York: Ballantine, 2001.

Weinder-Davis, Michele. *Divorce Busting: A Revolutionary and Rapid Program for Staying Together*. New York: Summit Books, 1992.

特別有趣的傳記或回憶錄

Boswell, James. *The Life of Samuel Johnson*. New York: Penguin, 2008.

Delacroix, Eugene. *The Journal of Eugène Delacroix*. 3rd ed. Translated by Hubert Wellington. London: Phaidon

Press, 1951.

Dinesen, Isak [Karen Blixen]. *Out of Africa*. New York: Penguin, 2001. 中譯本《遠離非洲》，紅桌文化，2013。

Dylan, Bob. *Chronicles: Volume One*. New York: Simon and Schuster, 2005. 中譯本《搖滾記》，大塊文化，2006。

Jung, Carl. *Memories, Dreams, Refections*. Edited by Aniela Jaffe. New York: Vintage, 1989. 中譯本《榮格自傳：回憶．夢．省思》，張老師文化，1997。

Spink, Kathryn. *Mother Teresa*. San Francisco: HarperSanFrancisco, 1997.

Strachey, Lytton. *Queen Victoria*. New York: Harvest Books, 1921.

Thoreau, Henry David. *Walden*. New York: Modern Library, 2000. 中譯本《湖濱散記》，桂冠，1993。

Wright, Frank Lloyd. *An Autobiography.* New York: Pomegranate, 2005.

有關快樂之歷史與家的研究

Aristotle, *The Ethics of Aristotle: The Nicomachean Ethics*. Translated by J. A. K. Thomsom. New York: Penguin, 1976.

Bacon, Francis. *The Essays*. New York: Penguin, 1986.

Boethius, Anicius Manlius Severinus. *The Consolation of Philosophy*. Translated by Victor Watts. New York: Penguin, 2000.

Cicero, Marcus Tullius. *On the Good Life*. Translated by Michael Grant. New York: Penguin, 1971.

Dalai Lama, and Howard C. Cutler. *The Art of Happiness: A Handbook for Living*. New York: Riverhead, 1998. 中譯本《快樂︰達賴喇嘛的人生智慧》，時報，2003。

Epicurus. *The Essential Epicurus*. Translated by Eugene Michael O'Connor. New York: Prometheus Books, 1993.

Hazlitt, William. *Essays*. London: Coward-McCann, 1950.

James, William. *The Varieties of Religious Experience: A Study in Human Nature*. New York: New American Library, 1958. 中譯本《宗教經驗之種種》，立緒，2000。

La Rochefoucauld, François, due de. *Maxims of La Rochefoucauld*. Mount Vernon, N.Y.: Peter Pauper Press, 1938.

Montaigne, Michel de, *The Complete Essays of Montaigne*. Translated by Donald Frame. Stanford: Stanford University Press, 1958.

Plutarch, *Selected Lives and Essays*. New York: Walter J. Black, 1951.

Russell, Bertrand. *The Conquest of Happiness*. New York: H. Liveright, 1930.

Schopenhauer, Arthur. *Parerga and Paralipomena*. 2 vols. Translated by E. F. J. Payne. Oxford: Clarendon Press, 1974.

Seneca. *Letters from a Stoic*. Translated by Robin Campbell. New York: Penguin, 1969.

Smith, Adam. *The Theory of Moral Sentiments*. Washington, D.C.: Gateway Editions, 2000. 中譯本《道德情操論》，狠角舍文化，2011。

Thompson, Paul. *The Work of William Morris*. New York: Oxford University Press, 1991.

有關快樂之科學與實踐的好書

Argyle, Michael. *The Psychology of Happiness*. 2nd ed. New York: Routledge, 2001. 中譯本《幸福心理學》，巨流圖書，1997。

Bloom, Paul. *How Pleasure Works: The New Science of Why We Like What We Like*. New York: Norton, 2010.

Burkeman, Oliver. *Help! How to Become Slightly Happier and Get a Bit More Done*. London: Canongate, 2011.

Cowen, Tyler. *Discover Your Inner Economist: Use Incentives to Fall in Love, Survive Your Next Meeting, and Motivate Your Dentist*. New York: Dutton, 2007. 中譯本《發現你的經濟天才》，經濟新潮社，2009。

Crawford, Matthew. *Shop Class as Soulcraft: An Inquiry into the Value of Work*. New York: Penguin, 2009.

Diener, Ed, and Robert Biswas-Diener. *Happiness: Unlocking the Mysteries of Psychological Wealth*. Malden,

Mass.: Wiley-Blackwell, 2008.

Easterbrook, Gregg. *The Progress Paradox: How Life Gets Better While People Feel Worse*. New York: Random House, 2003.

Eid, Michael, and Randy J. Larsen, eds. *The Science of Subjective Well-Being*. New York: Guildford Press, 2008.

Frey, Bruno, and Alois Stutzer. *Happiness and Economics: How the Economy and Institutions Affect Human Well-Being*. Princeton, N.J.: Princeton University Press, 2002.

Gilbert, Daniel. *Stumbling on Happiness*. New York: Knopf, 2006. 中譯本《快樂為什麼不幸福》，時報，2006。

Gladwell, Malcolm. *Blink: The Power of Thinking Without Thinking*. New York: Little, Brown, 2005. 中譯本《決斷2秒間》，時報，2005。

Haidt, Jonathan. *The Happiness Hypothesis: Finding Modern Truth in Ancient Wisdom*. New York: Basic Books, 2006. 中譯本《象與騎象人》，網路與書，2007。

Herz, Rachel. *The Scent of Desire: Discovering Our Enigmatic Sense of Smell*. New York: William Morrow, 2007. 中譯本《氣味之謎：主宰人類現在與未來生存的神奇感官》，方言文化，2009。

Lyubomirsky, Sonja. *The How of Happiness: A Scientific Approach to Getting the Life You Want*. New York: Penguin Press, 2008. 中譯本《這一生的幸福計畫》，久石文化，2014。

Nettle, Daniel. *Happiness: The Science Behind Your Smile*. New York: Oxford University Press, 2005.

———. *Personality: What Makes You the Way You Are*. New York: Oxford University Press, 2006.

Nhat Hanh, Thich. *The Miracle of Mindfulness: A Manual on Meditation*. Translated by Mobi Ho. Boston: Beacon Press, 1987. 中譯本《正念的奇蹟：每日的禪修手冊》，橡樹林，2004。

Pink, Daniel. *Drive: The Surprising Truth About What Motivates Us*. New York: Riverhead, 2009. 中譯本《動機，單純的力量》，大塊文化，2010。

———. *A Whole New Mind: Why Right-Brainers Will Rule the Future*. New York: Riverhead, 2005. 中譯本《未來在等待的人才》，大塊文化，2006。

Schwartz, Barry. *The Paradox of Choice: Why More Is Less*. New York: Harper Perennial, 2004.

Seligman, Martin. *Authentic Happiness: Using the New Positive Psychology to Realize Your Potential for Lasting Fulfillment*. New York: Free Press, 2002.

———. *Learned Optimism*. New York: Knopf, 1991. 中譯本《學習樂觀，樂觀學習》，遠流，2009。

———. *The Optimistic Child: How Learned Optimism Protects Children from Depression*. New York: Houghton Mifflin, 1995. 簡體中譯本《教出樂觀的孩子》，萬卷出版，2010。

———. *What You Can Change and What You Can't: The Complete Guide to Successful Self-Improvement*. New York: Knopf, 1993. 簡體中譯本《認識自己，接納自己》，萬卷出版，2010。

Thernstrom, Melanie. *The Pain Chronicles: Cures, Myths, Mysteries, Prayers, Diaries, Brain Scans, Healing, and the Science of Suffering*. New York: Picador, 2010.

Wilson, Timothy. *Strangers to Ourselves: Discovering the Adaptive Unconscious*. Cambridge, Mass.: Harvard University Press, 2002. 中譯本《佛洛伊德的近視眼：適應性潛意識如何影響我們的生活》，張老師文化，2006。

他人快樂計畫的例證

Bowman, Alisa. *Project: Happily Ever After*. New York: Running Press, 2010.

De Botton, Alain. *How Proust Can Change Your Life*. New York: Vintage International, 1997. 中譯本《擁抱似水年華：普魯斯特如何改變你的人生》，先覺，200[illegible]。

Frankl, Victor E. *Man's Search for Meaning*. Boston: Beacon Press, 1992. 中譯本《活出意義來》，光啟文化，2008。

Gilbert, Elizabeth. *Eat, Pray, Love: One Woman's Search for Everything Across Italy, India, and Indonesia*. New York: Penguin Books, 2007. 中譯本《享受吧！一個人的旅行》，馬可孛羅，2007。

Jacobs, A. J. *The Year of Living Biblically: One Man's Humble Quest to Follow the Bible as Literally as Possible*. New York: Simon and Schuster, 2007. 中譯本《我的聖經狂想曲》，遠流，2009。

Krakauer, Jon. *Into the Wild*. New York: Villard, 1996. 中譯本《阿拉斯加之死》，天下文化，2007。

Kreamer, Anne. *Going Gray: What I Learned About Sex, Work, Motherhood, Authenticity, and Everything Else That Really Matters*. New York: Little, Brown, 2007.

Lamott, Anne. *Operating Instructions*. New York: Random House, 1997.

———. *Traveling Mercies: Some Thoughts on Faith*. New York: Pantheon, 2005.

Maugham, W. Somerset. *The Summing Up*. New York: Doubleday, 1938.

O'Halloran, Maura. *Pure Heart, Enlightened Mind*. New York: Riverhead, 1994.

Shapiro, Susan. *Lighting Up: How I Stopped Smoking, Drinking, and Everything Else I Loved in Life Except Sex*. New York: Delacorte Press, 2004.

Thoreau, Henry David. *Walden: Or, Life in the Woods*. Boston: Shambhala Publications, 2004. 中譯本《湖濱散記》，志文，1999。

我最愛的有關快樂與家的小說

Colwin, Laurie. *Happy All the Time*. New York, HarperPerennial, 1978.

Frayn, Michael. *A Landing on the Sun*. New York: Viking, 1991.

Grunwald, Lisa. *Whatever Makes You Happy*. New York: Random House, 2005.

Hornby, Nick. *How to Be Good*. New York: Riverhead Trade, 2002. 中譯本《如何是好》，馥林文化，2008。

McEwan, Ian. *Saturday*. New York: Doubleday, 2005. 中譯本《星期六》，天培，2007。

Patchett, Ann. *Truth and Beauty: A Friendship*. New York: HarperCollins, 2005.

Perec, Georges. *Life: A User's Manual*. Boston: David R. Godine, 1978.

Robinson, Marilynne. *Gilead*. New York: Farrar, Straus and Giroux, 2004. 中譯本《基列系列 I：遺愛基列》，漫步文化，2014。

———. *Home*. New York: Farrar, Straus and Giroux, 2008. 中譯本《基列系列 II：家園》，漫步文化，2014。

Stegner, Wallace. *Crossing to Safety*. New York: Random House, 1987.

Tolstoy, Leo. *Anna Karenina*. Oxford: Oxford University Press, 1939. 中譯本《安娜·卡列妮娜》，桂冠，2004。

———. *The Death of Ivan Ilyich and Other Stories*. New York: Knopf, 2009.

———. *Resurrection*. New York: Oxford World Classics, 1994. 中譯本《復活》，崇文館，2005。

———. *War and Peace*. New York: Penguin Books, 1957. 中譯本《戰爭與和平》，木馬文化，2004。

Von Arnim, Elizabeth. *Elizabeth and Her German Garden*. Chicago: W. B. Conkey, 1901.

——. *The Enchanted April.* London: Virago, 1922.

Woolf, Virginia. *Mrs. Dalloway.* New York: Harcourt Brace Jovanovich, 1925. 中譯本《戴洛維夫人》，高寶，2007。

——. *To the Lighthouse*. New York: Harcourt Brace Jovanovich, 1927. 中譯本《燈塔行》，聯經，1999。

一些強調快樂與家庭主題的兒童與青少年小說好書

Edwards, Julie Andrews. *Mandy*. New York: Bantam Pathfinder, 1971.

Enright, Elizabeth. The Melendy series and the *Gone-Away Lake* books.

Jarrell, Randall. *The Animal Family*. New York: HarperCollins, 1965.

White, E. B. *Charlotte's Web*. New York: HarperCollins, 1951. 中譯本《夏綠蒂的網》，聯經，2013。

Wilder, Laura Ingalls. *The Little House* books.

對我的快樂計畫影響最大的書

Franklin, Benjamin. *The Autobiography of Benjamin Franklin*. New Haven, Conn.: Yale University Press, 1964. 中譯本《他改變了美國，也改變了世界：富蘭克林自傳》，久石文化，2013。

Thérèse of Lisieux. *Story of a Soul*. 3rd ed. Edited by John Clarke, O.C.D. Washington, D.C.: ICS Publications,

1996. 中譯本《聖女小德蘭回憶錄》，光啟文化，1998。

約翰生博士（Samuel Johnson）的所有作品。

國家圖書館出版品預行編目（CIP）資料

待在家裡也不錯：快樂的家，來自一個人的內在設計 / 葛瑞琴．魯賓 (Gretchen Rubin) 著；尤傳莉譯．-- 二版．-- 臺北市：早安財經文化有限公司，2024.11
面；　公分．--（生涯新智慧；56）
譯自：Happier at home : kiss more, jump more, abandon self-control, and my other experiments in everyday life
ISBN 978-626-98712-3-0(平裝)

1.CST: 快樂　2.CST: 自我實現

176.51　　113014610

生涯新智慧 56

待在家裡也不錯

快樂的家，來自一個人的內在設計

Happier at Home

Kiss More, Jump More, Abandon Self-Control, and My Other Experiments in Everyday Life

作　　者：葛瑞琴．魯賓 Gretchen Rubin
譯　　者：尤傳莉
特約編輯：莊雪珠
封面設計：Bert.design
責任編輯：沈博思、黃秀如

發 行 人：沈雲驄
發行人特助：戴志靜、黃靜怡
行銷企畫：楊佩珍、游荏涵
出版發行：早安財經文化有限公司
電話：(02) 2368-6840　傳真：(02) 2368-7115
早安財經網站：goodmorningpress.com
早安財經粉絲專頁：www.facebook.com/gmpress
沈雲驄說財經 podcast：linktr.ee/goodmoneytalk
早安財經官網　沈雲驄說財經
郵撥帳號：19708033　戶名：早安財經文化有限公司
讀者服務專線：(02)2368-6840　服務時間：週一至週五 10:00~18:00
24 小時傳真服務：(02)2368-7115
讀者服務信箱：service@morningnet.com.tw

總 經 銷：大和書報圖書股份有限公司
電話：(02)8990-2588
製版印刷：中原造像股份有限公司
二版 1 刷：2024 年 11 月

定　　價：400 元
I S B N：978-626-98712-3-0（平裝）

快樂的家不是布置出來的有形處所，

而是必須養成的一種心態。